Sauerkraut

KÖSTLICH UND GESUND

unipart

Inhalt

Vorwort

„Eben geht mit einem Teller
Witwe Bolte in den Keller,
dass sie von dem Sauerkohle
eine Portion sich hole,
wofür sie besonders schwärmt,
wenn er wieder aufgewärmt."

Diese Verse des bekannten Dichters Wilhelm Busch aus den beliebten Streichen von Max und Moritz zeigen, dass Sauerkraut schon zu Urgroßmutters Zeiten eine beliebte Beilage gewesen ist.

Fragt man im Ausland jemanden nach einem typisch „deutschen" Gericht, wird man immer wieder auch Sauerkraut als Antwort erhalten. Die Deutschen gelten nämlich in vielen Ländern außerhalb ihrer Heimat als begeisterte Sauerkraut-Esser, ob zu Recht oder Unrecht, mag jeder für sich beantworten.

Sauerkraut ist in der Regel kein vollständiges Gericht, sondern als fester Bestandteil der sogenannten „Hausmannskost" eine beliebte Beilage wie etwa zu deftigen Kalbshaxen oder Eisbein. Diese oft schwer im Magen liegenden Fleischgerichte macht erst das beigefügte, verdauungsfördernde Kraut so richtig bekömmlich.

Sauerkraut steht für die „einfache" Mahlzeit, die auch in Notzeiten die Bevölkerung zu ernähren vermag: Es ist preiswert und sättigt, ist dabei wohlschmeckend und rundet Gerichte, die ohne Sauerkraut unvollkommen erscheinen würden, auf unnachahmliche Weise ab.

In früheren Zeiten war das Kraut aus gehobeltem Weißkohl eine wichtige Zutat des traditionellen Silvestermahls, das besonders auf den Bauernhöfen sehr beliebt war: Die Bauersfrauen servierten ihrer Familie und den Angestellten am letzten Abend des Jahres Sauerkraut mit Kartoffel- und Erbsenpüree. Dazu gab es stets eine Riesenpfanne voll gebratener Blutwurst. Mit diesem Gericht wurde dem alten Brauch gefolgt, das Jahr mit dem zu beenden, was Feld, Garten und Haus im nun scheidenden Jahr beschert hatten – eine typische „Hausmannskost" eben.

Noch heute ist der frühere „Bauernschmaus" ein in der Küche vielseitig verwendbares Gemüse-Rezept, das zahlreichen Gerichten einen unverwechselbaren Charakter verleiht. Dies verdankt das Sauerkraut seiner besonderen Art der Haltbarmachung durch Milchsäuregärung. Mit Zutaten und Gewürzen wie Kümmel, Wacholderbeere, Wein und Ananas lässt sich dieser milchsaure Geschmack zusätzlich noch variieren und verfeinern.

Für unser Buch haben wir nicht nur die allseits bekannten Sauerkrautgerichte zusammengetragen, sondern auch viele außergewöhnliche Kreationen. Lassen Sie sich inspirieren und probieren Sie die Rezepte ganz einfach einmal aus. Es ist für jeden Feinschmecker etwas dabei und Sie werden bestimmt viel Lob und Anerkennung für Ihre Kochkunst erhalten.

Wir wünschen Ihnen beim Kochen und Genießen viel Spaß und guten Appetit.

Ihre Redaktion

Rund ums Sauerkraut

Die Herstellung von Sauerkraut ist heute in den meisten Haushalten leider aus der Mode gekommen. Dies ist sehr schade, denn Sauerkraut ist außerordentlich gesund, egal ob roh oder gekocht zubereitet. Es sollte daher möglichst immer vorrätig sein.

Neben dem Umstand, dass es Sauerkraut mittlerweile nicht nur in Feinkostläden, sondern in fast allen normalen Lebensmittelgeschäften fertig zubereitet zu kaufen gibt, liegt es wohl vor allem an den räumlichen Gegebenheiten, die die eigene Herstellung und Lagerung von Sauerkraut so schwierig gestalten. Denn die meisten Häuser werden heute zentral beheizt und verfügen nicht über die kühlen und oft etwas feuchten Keller von alten, noch mit Öfen beheizten Gebäuden. Sauerkraut muss nämlich kühl aufbewahrt werden, wenn es den ganzen Winter über haltbar und schmackhaft bleiben soll.

Dennoch lohnt es sich besonders für Gartenbesitzer, die im Herbst nach einer guten Ernte häufig vor dem riesigen Kohlüberangebot ihres Gartens stehen, die altbewährte Konservierungsmethode einmal auszuprobieren. Denn bei der Herstellung einer größeren Menge kann man – wie die Witwe Bolte – jederzeit in den Keller gehen, eine passende Portion holen und schnell ein Gericht mit Sauerkraut zubereiten. Schließlich ist Sauerkraut ein sehr vielseitiges Gemüse, das hervorragend zu zahlreichen Fleischspeisen und Eintopfgerichten passt.

Was die Witwe Bolte damals noch nicht wusste, aber die Ernährungswissenschaftler mittlerweile herausgefunden haben: Sauerkraut ist durch die Vergärung der Kohlenhydrate bei seiner Herstellung hervorragend für die Ernährung von Diabetikern geeignet. 100 Gramm Sauerkraut enthalten lediglich 15 Kalorien, was sicher auch diejenigen interessiert, die ihr Gewicht reduzieren müssen und ein paar Pfund abnehmen wollen.

Zusätzlich ist Sauerkraut durch seinen hohen Gehalt an Ballaststoffen außerordentlich sättigend.

Weil der Kohl auch ungekocht haltbar gemacht werden kann, bleiben normalerweise alle seine Vitamine und Mineralstoffe erhalten und es entsteht bis zum endgültigen Verbrauch kein nennenswerter Verlust dieser für den menschlichen Organismus so wertvollen Nährstoffe.

Seinen hohen Vitamingehalt machten sich bereits im 17. Jahrhundert zahlreiche Seefahrer zunutze, die bis dahin bei längeren Reisen über die Weltmeere häufig an Mangelerscheinungen litten, von denen die Vitaminmangelkrankheit Skorbut die bekannteste ist.

Der berühmte englische Weltumsegler und Entdecker James Cook soll auf seiner Reise im Jahre 1768 große Fässer voll Sauerkraut mit an Bord genommen und damit seine Schiffsbesatzung erfolgreich vor Skorbut bewahrt haben.

Wie die Ernährungswissenschaftler weiter festgestellt haben, ist Sauerkraut durch seine Ballaststoffe verdauungsfördernd, seine Milchsäurebakterien wirken dazu noch entzündungshemmend und heilend.

Der Genuss von Sauerkraut fördert auch die Neubildung einer gesunden Darmflora nach der Einnahme von Antibiotika.

Alles in allem kann Sauerkraut in seiner Vielfältigkeit der Zubereitungsmöglichkeiten und den damit verbundenen unterschiedlichen Geschmacksrichtungen als eine wohlschmeckende und gleichzeitig nahrhafte Medizin betrachtet werden.

In der heutigen Zeit kann es sich kein Unternehmen der Lebensmittelbranche erlauben, geerntetes und verarbeitetes Gemüse in größerem Umfang verderben zu lassen. Ihr besonderes Augenmerk richtet sich daher auf die Konservierung der „Rohstoffe“. Diese Haltbarmachung kann jedoch leider auch auf Kosten der Produktreinheit gehen: Manche der künstlichen Zusätze sind sicherlich nicht als gesundheitsfördernd zu bezeichnen.

Kritischen Verbrauchern, die nach Alternativen suchen und Wert auf die „Natürlichkeit“ ihrer Nahrungsmittel legen, bietet sich die Möglichkeit, ihr Sauerkraut selbst herzustellen. Diese scheinbare Rückbesinnung auf Altes ist in bäuerlichen Gegenden freilich noch immer „hochmodern“.

Versuchen Sie sich doch auch einmal in der traditionellen Sauerkrautzubereitung:

Fein geschnitzelter Weißkohl wurde früher in riesigen Holzfässern oder Steinzeugtöpfen unter Zusatz von großen Mengen Salz eingestampft, mit einem passenden Brett abgedeckt und anschließend mit einem dicken Stein beschwert. Darüber band man dann ein sauberes Leinentuch und stellte den Topf einige Tage in der Küche auf. Nach einer Woche brachte man das Ganze in den kühlen Keller und nach ungefähr drei weiteren Wochen war, wenn alles gut ging, das Sauerkraut fertig. So kann man es im Prinzip auch heute noch machen.

Rund ums Sauerkraut

Doch was bedeutet genau: „Wenn alles gut geht."? Es besteht die Gefahr, dass zu wenig Salz verwendet wurde und statt mildsaurem Kraut findet man faulig gewordenes vor.

Die Bakterien, welche die Gärung des Krautes hervorrufen können – die Milchsäurebakterien – befinden sich bereits auf der Kohlpflanze, wenn diese noch im Garten steht. Sie entwickeln sich, wenn der Kohl gestampft wird, unter Abgabe von Kohlensäure und Spaltung von Kohlenhydraten sehr schnell. Die lebenden Zellen haben einen Abwehrmechanismus, der die Bakterien an einer Vermehrung hindert.

Geht dieser Vorgang zügig voran, haben die Fäulnisbakterien, die sich in der Luft befinden, keine Chance, sich auszubreiten. Und bei einem ph-Wert unter 3,6 stellen auch die Milchsäurebakterien ihre Vermehrung ein, der Säuerungsprozess wird von selbst beendet und das Sauerkraut ist fertig.

Wenn Sauerkraut auf die beschriebene Weise hergestellt wird, kann sich auf der Lake eine weiße Schicht bilden, die von Hefepilzen herrührt. Das ist weiter nicht schlimm, man schöpft die Schicht einfach ab und alles ist wieder in Ordnung.

Färbt sich diese Schicht allerdings grünlich oder bläulich, handelt es sich höchstwahrscheinlich um Schimmelpilze. Das Sauerkraut ist verdorben und sollte besser weggeworfen werden. Um diese Risiken auszuschließen, hat man früher relativ viel Salz, etwa 6 Prozent, zwischen die Kohlschnitzel gestreut.

Will man mit weniger Salz auskommen, kann man sich sogenannter Starterkulturen bedienen: gezüchtete Milchsäurebakterien, die es in tiefgefrorener Form in Reformhäusern zu kaufen gibt.

Die Anwendung dieser Starterkulturen ist unkompliziert. Sie werden vor Gebrauch in lauwarmem Zuckerwasser eingeweicht und während des Einstampfens nach und nach zwischen die Schnitzel gegeben. Die Gebrauchsanweisung sollte trotzdem aufmerksam durchgelesen werden.

Wenn wir mit verhältnismäßig wenig Salz für die Konservierung auskommen wollen, müssen wir auf eine möglichst hygienische Arbeitsweise achten. Alle Geräte, die mit dem Kohl in Berührung kommen (der Hobel, der das Kraut zerkleinert, das Brett, das den Stein zum Beschweren des gärenden Kohls trägt sowie der Stein selbst) sollten vor dem Gebrauch sterilisiert werden. Dies erreicht man durch etwa zehn bis fünfzehn Minuten langes Auskochen oder Dämpfen.

Wichtig ist auch, dass die Kohlschnitzel sehr fest in das Gärgefäß eingestampft werden, und zwar so lange, bis etwas Flüssigkeit über dem Eingestampften und über dem Brett steht.
Große Weckgläser, etwa Zweilitergläser, eignen sich sehr gut zur Konservierung von Sauerkraut. In ihnen verläuft der gesamte Gärungsprozess unter Luftabschluss.

Um der Kohlensäureentwicklung den nötigen Raum zu schaffen, versieht man das Brett mit einem Abstandhalter von sechs bis acht Zentimetern zum Glasdeckel. Dieser wird mit einem kleinen Bügel festgehalten. Nach ungefähr 24 Stunden wird der Deckel einmal kurz angelüftet, um zu verhindern, dass der steigende Kohlensäuredruck die Lake aus dem Glas presst.

Fertiges Sauerkraut in Dosen zu sterilisieren, hieße, die wichtigen Vitamine und andere gesunde Nährstoffe zu zerkochen. Besser ist es, Sauerkraut im Gefrierschrank aufzubewahren, noch besser, es von Zeit zu Zeit neu zuzubereiten.

Suppen und Eintöpfe

Sauerkrautauflauf mit Kasseler

Für 4 Personen:

- 600 g gekochtes Kasseler
- 1–2 EL Butter oder Margarine
- 2 Zwiebeln
- 600 g Sauerkraut
- 1/2 l Gemüsebrühe
- Salz
- Pfeffer
- 2 Lorbeerblätter
- einige Nelken
- einige Pimentkörner
- 1 Prise Muskat
- 1 Prise Cayennepfeffer
- 1 Schuss Weißwein
- 400 g gegarte Kartoffeln

★ Das Kasseler in Würfel schneiden, die Butter oder Margarine in einer Auflaufform erhitzen und das Kasseler darin kurz anschwitzen.

★ Die Zwiebeln schälen, fein hacken, zum Kasseler geben und kurz mitschwitzen.

★ Das Sauerkraut waschen, gut abtropfen lassen, dazugeben und ebenfalls kurz mitschwitzen.

★ Die Gemüsebrühe angießen und mit Salz und Pfeffer würzen, die Lorbeerblätter, die Nelken, die Pimentkörner dazugeben, mit Muskat und Cayennepfeffer abrunden.

★ Den Weißwein gleichmäßig auf dem Auflauf verteilen und im auf 180–200 °C vorgeheizten Backofen 15–20 Minuten garen.

★ Die Kartoffeln pellen, in Scheiben schneiden und unter den Auflauf heben.

★ Das Ganze nochmals 10 Minuten garen, abschmecken, den Auflauf herausnehmen, dekorativ anrichten, ausgarnieren und servieren.

Schweinebraten auf Gemüsekraut

Für 4 Personen:

- 1 kg Schweinenacken
- Salz, Pfeffer aus der Mühle
- 1 TL gemahlener Kümmel
- 1 EL Paprikapulver, edelsüß
- 2 Knoblauchzehen
- 1 TL Salz
- 2–3 EL Butterschmalz
- 1/2 l Apfelmost oder Cidre
- 2 Zwiebeln
- 4 Karotten
- 1 Kopf Sellerie
- 600 g Sauerkraut
- 4 feinsäuerliche Äpfel
- 1 Prise Nelkenpulver
- 1–2 EL Butter oder Margarine

★ Das Fleisch unter fließendem Wasser waschen, trockentupfen, mit Salz und Pfeffer kräftig würzen.

★ Das Kümmelpulver und das Paprikapulver vermischen und den Braten damit einreiben, ebenso mit den geschälten und mit Salz zerriebenen Knoblauchzehen.

★ Das Butterschmalz in einem Bräter erhitzen und das Fleisch darin auf beiden Seiten anbraten.

★ Den Braten im auf 180–200 °C vorgeheizten Backofen in 70–80 Minuten garen, während der Garzeit mit dem Apfelmost oder dem Cidre ablöschen.

★ In der Zwischenzeit die Zwiebeln, die Karotten und den Sellerie schälen, in Würfel schneiden, 40 Minuten vor Garende mit dem gewaschenen Sauerkraut zum Fleisch geben und mitgaren.

★ Die Äpfel schälen, entkernen, vierteln oder achteln, 10 Minuten vor Garende zum Fleisch geben und mitgaren.

★ Das Nelkenpulver mit der flüssigen Butter oder Margarine vermischen und den Braten damit bestreichen. Die restliche Gewürzbutter unter die Sauce ziehen.

★ Den Schweinebraten in Scheiben schneiden, dekorativ anrichten, ausgarnieren und sofort servieren.

Rote Krautsuppe

Für 4 Personen:
600 g Rinderbrust
Salzwasser
1 l Gemüsebrühe
1–2 Knoblauchzehen
1 TL Salz
1 Zwiebel
Gewürzbeutel mit Lorbeerblatt, Nelken, Pfefferkörnern, Pimentkörnern und Wacholderbeeren
Salz
Pfeffer aus der Mühle
1 Prise Cayennepfeffer
2 Karotten
400 g Rote Bete
250 g Sauerkraut
1 kleine Dose geschälte Tomaten
1 Tasse gemischte, gehackte Kräuter
1 Becher Crème fraîche

★ Die Rinderbrust abwaschen, trockentupfen, in mundgerechte Stücke schneiden und im erhitzten Salzwasser 5 Minuten blanchieren. Herausnehmen, abwaschen und gut abtropfen lassen.

★ Die Gemüsebrühe in einem Topf erhitzen und das Fleisch, die geschälten und mit Salz zerriebenen Knoblauchzehen, die geschälte und gehackte Zwiebel sowie den Gewürzbeutel einlegen.

★ Die Brühe zum Kochen bringen, mit Salz, Pfeffer und Cayennepfeffer abschmecken und das Fleisch 75–80 Minuten garen.

★ In der Zwischenzeit die Karotten und die Rote Bete schälen und würfeln.

★ Nach Ende der Garzeit den Gewürzbeutel entfernen, die Karotten, die Rote Bete und das zerpflückte Sauerkraut zum Fleisch geben und nochmals 15 Minuten garen.

★ Zum Schluss die abgetropften, zerkleinerten Tomaten unterheben, die Krautsuppe nochmals abschmecken.

★ Die rote Krautsuppe dekorativ anrichten, mit den gehackten Kräutern bestreuen, je 1 Klacks Crème fraîche in die Mitte setzen, ausgarnieren und servieren.

Sauerkraut-Karotten-Topf

Für 4 Personen:
1–2 EL Butter oder Margarine
1 Zwiebel
1 große Dose Sauerkraut
4 Karotten
1 Schuss Weißwein
1/2 l Gemüsebrühe
1 Lorbeerblatt
1 TL Kümmel
Salz
Pfeffer aus der Mühle
1 Prise Zucker
1 Msp. Korianderpulver
Instant-Haferflocken zum Binden
1 Tasse gemischte, gehackte Kräuter

★ Die Butter oder Margarine in einem Topf erhitzen und die geschälte und fein gehackte Zwiebel darin glasig schwitzen.

★ Das Sauerkraut zerpflücken, zur Zwiebel geben und mitschwitzen. Die Karotten schälen und grob raspeln, unter das Sauerkraut heben und kurz mitschwitzen.

★ Mit dem Weißwein ablöschen, die Gemüsebrühe angießen, das Lorbeerblatt und den Kümmel dazugeben.

★ Das Ganze mit Salz, Pfeffer, Zucker und Korianderpulver kräftig abschmecken und zugedeckt bei mäßiger Hitze 20–30 Minuten garen.

★ Den Sauerkraut-Karotten-Topf nochmals abschmecken, mit Instant-Haferflocken binden, dekorativ anrichten, ausgarnieren und mit den gehackten Kräutern bestreut servieren.

Krautsuppe einmal anders

Für 4 Personen:
1–2 EL Butter oder Margarine
1 Zwiebel
1 Knoblauchzehe
1 TL Salz
1 Dose Sauerkraut
1 EL Kümmel
1 l Gemüsebrühe
2 Kartoffeln
1 Stück Zimtstange
1 Stück Sternanis
Salz
Pfeffer aus der Mühle
1 Bund Schnittlauch

★ Die Butter oder Margarine in einem Topf erhitzen und die geschälte und fein gehackte Zwiebel darin glasig schwitzen.

★ Die Knoblauchzehe schälen, mit Salz zu einer Paste zerreiben, zur Zwiebel geben und mitschwitzen.

★ Das Sauerkraut zerpflücken, dazugeben und ebenfalls mitschwitzen. Mit dem Kümmel bestreuen, die Gemüsebrühe angießen und das Sauerkraut 20 Minuten köcheln lassen.

★ Die Kartoffeln schälen, fein reiben, in die Suppe einrühren und die Zimtstange sowie den Sternanis einlegen.

★ Die Suppe mit Salz und Pfeffer würzen und erneut 5 Minuten köcheln lassen.

★ Die Krautsuppe dekorativ anrichten, mit dem verlesenen, gewaschenen und in Röllchen geschnittenen Schnittlauch bestreuen, ausgarnieren und servieren.

Kohlsuppe mit Schinkenspeck

Für 4 Personen:
200 g Schinkenspeck
1–2 EL Butter
1 Zwiebel
400 g Weißkohl
1 Dose geschälte Tomaten
1–2 EL Weizenmehl
1/2 l Gemüsebrühe
400 g Weinsauerkraut
Salz
Pfeffer aus der Mühle
1 Prise Muskat
1 Prise Zucker
1 Prise Paprikapulver, edelsüß
1 TL Rosmarin
1 EL Kümmel
1 Becher saure Sahne
1–2 EL Crème fraîche
1/2 Bund Petersilie
1/2 Bund Schnittlauch

★ Den Speck in feine Würfel schneiden und in der erhitzten Butter anbraten.

★ Die Zwiebel fein hacken, zum Speck geben und kurz mitbraten.

★ Den Weißkohl in feine Streifen schneiden, zu den Speckzwiebeln geben und glasig schwitzen.

★ Die geschälten Tomaten abtropfen lassen, grob zerkleinern und dazugeben. Mit Mehl bestäuben, kurz mitbraten, mit der Brühe auffüllen und das Ganze zum Kochen bringen.

★ Das zerpflückte Weinsauerkraut unter die Suppe geben, mit Salz, Pfeffer, Muskat, Zucker, Paprikapulver, Rosmarin und Kümmel würzen.

★ Die Kohlsuppe bei mäßiger Hitze 45–50 Minuten garen lassen.

★ Nach Ende der Garzeit die Suppe abschmecken, die saure Sahne einrühren, das Ganze erhitzen, aber nicht mehr kochen lassen.

★ Die Suppe auf 4 Tellern anrichten, mit je 1 Klacks Crème fraîche überziehen und mit den gehackten Kräutern bestreut servieren.

Sauerkraut-Zwiebel-Suppe

Für 4 Personen:
1–2 EL Butter oder Margarine
300 g Zwiebeln
1 kleine Dose Sauerkraut
3/4 l Gemüsebrühe
Kräutersalz
weißer Pfeffer aus der Mühle
1 Prise Kümmelpulver
1 Prise Cayennepfeffer
1 Prise Zucker
1 Tasse gemischte, gehackte Kräuter
4 Scheiben Toastbrot

★ Die Butter oder Margarine in einem Topf erhitzen und die geschälten und in Ringe geschnittenen Zwiebeln darin glasig schwitzen.

★ Das Sauerkraut dazugeben, kurz mitschwitzen, die Gemüsebrühe angießen und das Ganze mit Kräutersalz, Pfeffer, Kümmel, Cayennepfeffer und Zucker kräftig abschmecken.

★ Die Suppe 15–20 Minuten köcheln lassen, erneut kräftig abschmecken, anrichten und mit den gehackten Kräutern bestreuen.

★ Die Toastbrotscheiben toasten, diagonal halbieren und zur Sauerkraut-Zwiebel-Suppe servieren.

Leberknödelsuppe

Für 4 Personen:

1–2 EL Butter oder Margarine
1 Zwiebel
400 g feines Rinderhackfleisch
100 g gemahlene Kalbsleber
1 Bund Petersilie
Salz
Pfeffer aus der Mühle
1 Prise Muskat
1 Prise Cayennepfeffer
Salzwasser
1–2 EL Butter oder Margarine
1 Zwiebel
2 EL klein geschnittenes Suppengemüse
200 g Rote Bete
200 g Sauerkraut
1 l Gemüsebrühe
2 Tomaten
1 Prise Zucker
einige Tropfen Rotweinessig

★ Die Butter oder Margarine in einem Topf erhitzen und die geschälte und fein gehackte Zwiebel darin glasig schwitzen, vom Herd nehmen und erkalten lassen.

★ Das Rinderhackfleisch mit der gemahlenen Kalbsleber in eine Schüssel geben, die Zwiebel sowie die Hälfte der verlesenen, gewaschenen und fein gehackten Petersilie dazugeben und mit Salz, Pfeffer, Muskat und Cayennepfeffer würzen.

★ Das Ganze zu einem geschmeidigen Teig verarbeiten, kleine Knödel formen und diese im erhitzten Salzwasser 10–15 Minuten garen.

★ Die Butter oder Margarine in einem Topf erhitzen und die geschälte, fein gehackte Zwiebel darin glasig schwitzen.

★ Das Suppengemüse sowie die geschälte und in Würfel geschnittene Rote Bete dazugeben und kurz mitschwitzen.

★ Das zerpflückte Sauerkraut unterheben, kurz mitschwitzen, die Gemüsebrühe angießen und das Gemüse 10–12 Minuten garen.

★ Die Tomaten enthäuten, entkernen, in Würfel schneiden, kurz vor Garende mit den Leberknödeln in die Suppe geben und erhitzen.

★ Die Suppe mit Salz, Pfeffer, Muskat, Cayennepfeffer und Zucker abschmecken, mit Rotweinessig verfeinern und auf 4 Tellern anrichten. Mit der restlichen, gehackten Petersilie bestreuen, ausgarnieren und servieren.

Scharfe Sauerkrautsuppe

Für 4 Personen:
2 rote Paprikaschoten
1 Peperoni
1 große Dose Sauerkraut
1–2 EL Butter oder Margarine
2 EL Tomatenmark
3/4 l Gemüsebrühe
400 g Rohsalami
Salz
Pfeffer aus der Mühle
1 Prise Cayennepfeffer
1 EL Paprikapulver, edelsüß
1 Bund Schnittlauch

★ Die Paprikaschoten und die Peperoni putzen, halbieren, entkernen, waschen, gut abtropfen lassen und in feine Würfel schneiden. Das Sauerkraut je nach Säure abwaschen und zerpflücken.

★ Die Butter oder Margarine in einem Topf erhitzen und die Paprika- und Peperoniwürfel darin andünsten.

★ Das Sauerkraut unterheben, das Tomatenmark einrühren und die Gemüsebrühe angießen. Bei mittlerer Hitze 15–20 Minuten garen.

★ Die Rohsalami in Würfel oder Streifen schneiden, mit dem Sauerkraut vermischen und erhitzen.

★ Die Sauerkrautsuppe mit Salz, Pfeffer, Cayennepfeffer und Paprika kräftig abschmecken, dekorativ anrichten, ausgarnieren und mit dem verlesenen, gewaschenen und in Röllchen geschnittenen Schnittlauch bestreut servieren.

Schwäbische Krautsuppe

Für 4 Personen:
200 g geräucherter, durchwachsener Speck
1–2 EL Butterschmalz
1 Zwiebel
400 g Weißkohl
1 kleine Dose Sauerkraut
1 1/2 l Gemüsebrühe
1 kleine Dose geschälte Tomaten
Salz
Pfeffer aus der Mühle
1 Prise Cayennepfeffer
1 Prise Zucker
1 Prise Kümmelpulver
1 EL Paprikapulver, edelsüß
1 Becher Sahnedickmilch
1 Tasse gemischte, gehackte Kräuter
1/2 Becher saure Sahne

★ Den Speck in feine Streifen schneiden. Das Butterschmalz in einem Topf erhitzen und den Speck darin auslassen.

★ Die Zwiebel schälen, fein hacken, zum Speck geben und glasig schwitzen. Den fein gehobelten Weißkohl sowie das zerpflückte Sauerkraut dazugeben und ebenfalls kurz mitschwitzen.

★ Die Gemüsebrühe angießen und das Ganze 20 Minuten köcheln lassen. In der Zwischenzeit die Tomaten abtropfen lassen, in Würfel schneiden oder mit einer Gabel zerdrücken.

★ Nach Ende der Garzeit die Tomaten unterrühren, die Suppe mit Salz, Pfeffer, Cayennepfeffer, Zucker, Kümmelpulver und Paprikapulver kräftig abschmecken, die Sahnedickmilch einrühren und erhitzen, aber nicht mehr kochen lassen.

★ Die schwäbische Krautsuppe dekorativ anrichten, mit den gehackten Kräutern bestreuen, mit je 1 Klacks saurer Sahne überziehen und sofort servieren.

Sauerkrautsuppe mit Cabanossi und Schinken

Für 4 Personen:

1 Zwiebel
1 Knoblauchzehe
1–2 EL Butter oder Margarine
1 grüne Paprikaschote
250 g Sauerkraut
1/2 l Gemüsebrühe
1 EL Paprikapulver, edelsüß
200 g gekochter, magerer Schinken
200 g Cabanossi
Salz
Pfeffer aus der Mühle
1 Prise Cayennepfeffer
1 Prise Zucker
1 Becher frischer Landrahm
Kräuterzweige zum Garnieren

★ Die Zwiebel und die Knoblauchzehe schälen und fein hacken. Die Butter oder Margarine in einem Topf erhitzen, die Zwiebel darin glasig schwitzen, den Knoblauch dazugeben und kurz mitschwitzen.

★ Die Paprikaschote halbieren, entkernen, waschen, gut abtropfen lassen, in Streifen schneiden, zu den Zwiebeln geben und mitschwitzen.

★ Das Sauerkraut je nach Säure wässern, gut ausdrücken, zerpflücken, zum Gemüse geben und die Gemüsebrühe angießen.

★ Das Paprikapulver einrühren und das Ganze 20–25 Minuten köcheln lassen.

★ Den Schinken in Würfel und die Cabanossi in Scheiben schneiden, beides unter das Sauerkraut heben und erhitzen.

★ Mit Salz, Pfeffer, Cayennepfeffer und Zucker abschmecken, auf 4 Tellern anrichten, mit je 1 Klacks Landrahm überziehen, mit Kräuterzweigen ausgarnieren und servieren.

Kartoffelsuppe mit Sauerkraut und Debreczinern

Für 4 Personen:

1 Zwiebel
1 kleine Stange Lauch
1 Karotte
1 Stück Knollensellerie
2–3 EL Butter oder Margarine
6 geh. EL Instant-Haferflocken
1 kleine Dose Sauerkraut
1 1/4 l Gemüse- oder Fleischbrühe
4 Paar Debrecziner Würstchen
500 g gegarte Kartoffeln
Salz
Pfeffer aus der Mühle
1 Prise Muskat
1 EL Kümmelpulver
1 Prise Cayennepfeffer
1 Prise Zucker
1 Bund Petersilie

★ Die Zwiebel schälen und in mundgerechte Würfel schneiden.

★ Den Lauch halbieren, waschen und in Ringe schneiden, die Karotte und den Knollensellerie schälen und in Würfel schneiden.

★ Die Butter oder Margarine in einem Topf erhitzen und das Gemüse darin anschwitzen.

★ Mit Instant-Haferflocken bestreuen, das Sauerkraut dazugeben, mit der Gemüse- oder Fleischbrühe auffüllen und zum Kochen bringen.

★ Die Debrecziner und die gegarten Kartoffeln in Scheiben schneiden, in den Eintopf geben, das Ganze mit Salz, Pfeffer, Muskat, Kümmel, Cayennepfeffer und Zucker abschmecken und bei mäßiger Hitze 15 Minuten köcheln lassen.

★ Nach Ende der Garzeit die Sauerkrautsuppe dekorativ anrichten, mit der verlesenen, gewaschenen und fein gehackten Petersilie bestreuen, ausgarnieren und sofort servieren.

Sauerkraut-Hackfleisch-Topf

Für 4 Personen:
2 EL Olivenöl
1 Zwiebel
2 Knoblauchzehen
1 TL Salz
200 g Rinderhackfleisch
Salz
Pfeffer aus der Mühle
1/2 TL Currypulver
1/2 TL Thymian
1/2 TL Majoran
1/2 TL Rosmarin
1 grüne Paprikaschote
1 gelbe Paprikaschote
1 rote Paprikaschote
2 Karotten
500 g Tomaten
3/4 l Gemüsebrühe
250 g Sauerkraut
2 EL Tomatenmark
50 g schwarze, entsteinte Oliven
1/2 Becher Sahne
1 Bund Schnittlauch

★ Das Olivenöl in einem Topf erhitzen und die geschälte und fein gehackte Zwiebel sowie die geschälten und mit Salz zu einer Paste zerriebenen Knoblauchzehen darin glasig schwitzen.

★ Das Rinderhackfleisch dazugeben und unter ständigem Rühren braten. Mit Salz, Pfeffer, Currypulver, Thymian, Majoran und Rosmarin kräftig abschmecken.

★ Die Paprikaschoten halbieren, entkernen, waschen und in Streifen schneiden, die Karotten schälen und in Scheiben schneiden. Das Gemüse zum Rinderhackfleisch geben und kurz mitbraten.

★ Die Tomaten enthäuten, entkernen und in Würfel schneiden, mit der Gemüsebrühe zum Hackfleisch geben und das zerpflückte Sauerkraut unterheben.

★ Das Ganze 40 Minuten dünsten. Kurz vor Garende das Tomatenmark einrühren und die halbierten Oliven dazugeben.

★ In der Zwischenzeit die Sahne steif schlagen und nach Geschmack leicht salzen. Den Sauerkraut-Hackfleisch-Topf dekorativ anrichten, je 1 Klacks Sahne in die Mitte setzen, mit dem in Röllchen geschnittenen Schnittlauch bestreuen, ausgarnieren und servieren.

Süßsaure Kartoffelsuppe

Für 4 Personen:
1 Zwiebel
1 Bund Suppengemüse
250 g Kartoffeln
1–2 EL Butter oder Margarine
1/2 l Gemüsebrühe
100 g Sauerkraut
1 kleines Glas Rote Bete
Salz
Pfeffer aus der Mühle
1 Prise Cayennepfeffer
1 Prise Kümmelpulver
1 Prise Pimentpulver
1 Prise Zucker
1–2 EL Essig
1 Becher saure Sahne
1 Bund Schnittlauch

★ Die Zwiebel schälen und fein hacken, das Suppengemüse putzen und in Streifen schneiden, die Kartoffeln schälen und in Würfel schneiden.

★ Die Butter oder Margarine in einem Topf erhitzen, die Zwiebel, das Suppengemüse und die Kartoffeln darin anschwitzen und mit der Gemüsebrühe auffüllen.

★ Das zerpflückte Sauerkraut und die in Würfel oder Streifen geschnittene Rote Bete dazugeben und 15–20 Minuten köcheln lassen.

★ Anschließend mit Salz, Pfeffer, Cayennepfeffer, Kümmelpulver, Pimentpulver und Zucker kräftig würzen und mit Essig säuerlich abschmecken.

★ Zum Schluss die saure Sahne einrühren und das Ganze nochmals erhitzen, aber nicht kochen lassen.

★ Den Schnittlauch verlesen, waschen und in Röllchen schneiden. Die süßsaure Kartoffelsuppe dekorativ anrichten, ausgarnieren und mit den Schnittlauchröllchen bestreut servieren.

Sauerkrautgulasch mit Fleischwurst

Für 4 Personen:
1–2 EL Butter oder Margarine
2 Zwiebeln
2 Knoblauchzehen
1 kleine Dose Sauerkraut
1 grüne Paprikaschote
1 rote Paprikaschote
3/4 l Gemüsebrühe
1 EL Kräuter der Provence
2 EL Paprikapulver, edelsüß
Salz
Pfeffer
1 Prise Zucker
400 g Fleischwurst
500 g gegarte Kartoffeln
1 Dose geschälte Tomaten
1 Becher Sahne
1 Tasse gemischte, gehackte Kräuter

★ Die Butter oder Margarine erhitzen und die geschälten und fein gehackten Zwiebeln sowie die Knoblauchzehen darin glasig schwitzen.

★ Das Sauerkraut unterheben und kurz mitdünsten.

★ Die Paprikaschoten putzen, waschen, in Streifen schneiden, zu den Kartoffeln geben und mitdünsten.

★ Mit der Gemüsebrühe auffüllen, mit Kräutern der Provence und Paprikapulver sowie Salz, Pfeffer und Zucker kräftig würzen.

★ Das Ganze bei mäßiger Hitze 20–25 Minuten köcheln lassen. 10 Minuten vor Garende die in Würfel geschnittene Fleischwurst, die in Scheiben geschnittenen Kartoffeln sowie die geschälten Tomaten dazugeben und mitgaren.

★ Das Kartoffel-Sauerkraut-Gulasch mit der Sahne verfeinern, nochmals abschmecken, dekorativ anrichten, ausgarnieren, mit den gehackten Kräutern bestreuen und servieren.

Szegediner Gulasch

Für 4 Personen:
750 g küchenfertiges Rindergulasch
Salz
Pfeffer aus der Mühle
1–2 EL Butterschmalz
4 Zwiebeln
1–2 EL Paprikapulver, edelsüß
1 kleine Dose Tomatenmark
1 EL Mehl
3/4 l Gemüsebrühe
1 große Dose Sauerkraut
1 Becher saure Sahne

★ Das Rindergulasch abwaschen, trockentupfen und mit Salz und Pfeffer würzen.

★ Das Butterschmalz in einem Topf erhitzen und das Fleisch darin unter ständigem Rühren anbraten.

★ Die Zwiebeln schälen, grob hacken oder in Ringe schneiden, zum Fleisch geben und mitbraten.

★ Das Paprikapulver darüber stäuben, das Tomatenmark unterrühren und kurz rösten, das Mehl darüber sieben und ebenfalls kurz mitrösten.

★ Mehrmals mit etwas Gemüsebrühe ablöschen und immer wieder einreduzieren lassen.

★ Die restliche Gemüsebrühe angießen, zum Kochen bringen und das Gulasch zugedeckt 60 Minuten schmoren lassen.

★ Das Sauerkraut zerpflücken und nach Ende der Garzeit zum Fleisch geben. Weitere 20 Minuten schmoren lassen.

★ Das Gulasch mit Salz und Pfeffer abschmecken, die saure Sahne einrühren und kurz ziehen, aber nicht mehr kochen lassen.

★ Das Szegediner Gulasch dekorativ anrichten, ausgarnieren und servieren.

Bunter Krauttopf

Für 4 Personen:
300 g gemischtes Suppengemüse (Lauch, Sellerie, Karotten, Zwiebeln)
300 g Kartoffeln
1–2 EL Butter oder Margarine
3/4 l Fleisch- oder Gemüsebrühe
1 Lorbeerblatt
einige Wacholderbeeren
einige Pfefferkörner
1 kleine Dose Sauerkraut
Salz
Pfeffer aus der Mühle
400 g Bratenreste
1 Becher Sahnedickmilch
1 Tasse gemischte, gehackte Kräuter

★ Das Suppengemüse putzen, waschen und in mundgerechte Stücke schneiden.

★ Die Kartoffeln schälen, waschen und würfeln.

★ Die Butter oder Margarine in einem Topf erhitzen und das Gemüse sowie die Kartoffeln darin anschwitzen.

★ Die Fleisch- oder Gemüsebrühe angießen, das Lorbeerblatt, die Wacholderbeeren und die Pfefferkörner in einen Gewürzbeutel geben und in die Brühe einlegen.

★ Das Gemüse 15–20 Minuten garen, anschließend das Sauerkraut unterheben, mit Salz und Pfeffer abschmecken und weitere 10 Minuten köcheln lassen.

★ Die Bratenreste in Würfel oder Streifen schneiden und in den Krauttopf geben, die Sahnedickmilch einrühren, erhitzen, aber nicht mehr kochen lassen und nochmals abschmecken.

★ Den bunten Krauttopf dekorativ anrichten, mit den gehackten Kräutern bestreuen, ausgarnieren und servieren.

Sauerkraut aus dem Römertopf

Für 4 Personen:
4 Zwiebeln
500 g Sauerkraut
1–2 EL Butterschmalz
4 Tomaten
4 geräucherte Würste
1/4 l Gemüsebrühe
1/2 Becher Sahne
Salz
Pfeffer aus der Mühle
1 Prise Zucker

★ Die Zwiebeln schälen, fein hacken und mit dem zerpflückten Sauerkraut vermischen.

★ In einen gewässerten Tontopf füllen, das Butterschmalz zerlaufen lassen und darüber gießen, die Tomaten enthäuten, entkernen, in Würfel schneiden und über das Sauerkraut streuen.

★ Zum Schluss die in Scheiben oder Streifen geschnittenen Würste darauf verteilen, die Gemüsebrühe angießen, den Topf verschließen und in den kalten Backofen schieben.

★ Bei 220 °C 75 Minuten schmoren lassen, herausnehmen, alle Zutaten miteinander vermischen, die Sahne einrühren und das Ganze mit Salz, Pfeffer und Zucker würzen.

★ Das Sauerkraut aus dem Römertopf dekorativ anrichten, ausgarnieren und mit Kartoffelklößen servieren.

Bratwurstpfanne mit Sauerkraut

Für 4 Personen:
500 g grobes Bratwurstbrät
2 Knoblauchzehen
1 TL Salz
1 TL Majoran
1 TL Thymian
1 TL Rosmarin
2 Eier
2–3 EL Semmelbrösel
Salz
Pfeffer aus der Mühle
1 Prise Cayennepfeffer
Olivenöl zum Ausfetten
1–2 EL Butter
100 g kalter Braten
2 Zwiebeln
1 Stangen Lauch
300 g Sauerkraut
1 Schuss Weißwein
2–3 EL mittelscharfer Senf
1 Becher saure Sahne
2 Eier
1 Bund Schnittlauch

★ Das Brät in eine Schüssel geben. Die Knoblauchzehen schälen und mit Salz zerreiben.

★ Die Gewürze, die Eier und die Semmelbrösel zur Masse geben und alles miteinander verrühren.

★ Mit Salz, Pfeffer und Cayennepfeffer abschmecken. Eine Pfanne ausfetten und die Masse in die Form streichen.

★ Die Butter erhitzen und den in Würfel geschnittenen kalten Braten darin anbraten, die Zwiebeln würfeln, zum Braten geben und mitschwitzen.

★ Den Lauch in Ringe schneiden, mit dem klein geschnittenen Sauerkraut zu den Zwiebeln geben und kurz dünsten.

★ Mit Weißwein ablöschen, mit Senf, Salz, Pfeffer und Cayennepfeffer abschmecken.

★ Das Sauerkraut auf dem Brät verteilen. Die saure Sahne mit den Eiern vermischen und darüber gießen.

★ Die Eimasse verstreichen und das Ganze im auf 180–200 °C vorgeheizten Backofen 45–50 Minuten garen.

★ Nach Ende der Garzeit die Bratwurstpfanne herausnehmen, anrichten.

★ Mit geschnittenem Schnittlauch bestreuen, ausgarnieren und warm oder kalt servieren.

Kartoffeltopf mit Sauerkraut

Für 4 Personen:
500 g Wurstreste
500 g Kartoffeln
Salzwasser
1 TL Kümmel
2–3 EL Butterschmalz
100 g durchwachsener, geräucherter Speck
2 Zwiebeln
500 g Sauerkraut
1 Schuss Weißwein
1/4 l Gemüsebrühe
Salz
Pfeffer aus der Mühle
1 Prise Cayennepfeffer
1 Prise Kümmelpulver
1 Prise Muskat
1 Tasse gemischte, gehackte Kräuter

★ Die Wurstreste in mundgerechte Würfel schneiden.

★ Die Kartoffeln im Salzwasser mit dem Kümmel 20–25 Minuten garen, abgießen, pellen und in Würfel oder Scheiben schneiden.

★ Das Butterschmalz in einem Topf erhitzen, den gewürfelten Speck darin auslassen, die Zwiebeln schälen, fein hacken, dazugeben und glasig schwitzen.

★ Das Sauerkraut zerpflücken, unterheben und kurz mitbraten.

★ Mit Weißwein ablöschen, mit der Gemüsebrühe auffüllen und zum Kochen bringen.

★ Mit Salz, Pfeffer, Cayennepfeffer, Kümmel und Muskat kräftig abschmecken.

★ Das Sauerkraut 20 Minuten köcheln lassen, anschließend die Kartoffeln und die Wurstreste unterheben, das Ganze erhitzen und nochmals abschmecken.

★ Den Kartoffeltopf mit Sauerkraut dekorativ anrichten, mit den gehackten Kräutern bestreuen, ausgarnieren und sofort servieren.

Knödel im Traubenkraut

Für 4 Personen:
1–2 EL Butterschmalz
1 Zwiebel
600 g Sauerkraut
1 Schuss Weißwein
2 Tassen Gemüsebrühe
Gewürzbeutel mit Lorbeerblatt, Nelken, Pfefferkörnern und Wacholderbeeren
Salz
Pfeffer aus der Mühle
250 g Blutwurst
250 g Leberwurst
2 altbackene, eingeweichte Brötchen
2 Eier
100 g gekochter Schinken
1 TL Majoran
Semmelbrösel zum Binden
Fett zum Ausbacken
100 g grüne Weintrauben
100 g blaue Weintrauben
Kräuterzweige zum Garnieren

★ Das Butterschmalz in einem feuerfesten Topf erhitzen, die fein gehackte Zwiebel darin glasig schwitzen, das zerpflückte Sauerkraut dazugeben und mitschwitzen.

★ Mit dem Weißwein ablöschen, die Gemüsebrühe angießen, den Gewürzbeutel hineinlegen und mit Salz und Pfeffer kräftig würzen.

★ Das Sauerkraut in dem auf 180–200 °C vorgeheizten Backofen 25–30 Minuten schmoren lassen.

★ Für die Knödel die Blutwurst mit der Leberwurst in eine Schüssel geben, mit den gut ausgedrückten Brötchen, den Eiern und dem in Würfel geschnittenen Schinken zu einem kompakten Teig verarbeiten, mit Salz, Pfeffer und Majoran kräftig abschmecken und nach Bedarf mit Semmelbröseln binden.

★ Aus der Masse kleine Knödel formen, das Fett in einem Topf erhitzen und die Knödel darin goldgelb ausbacken.

★ Das Sauerkraut aus dem Ofen nehmen, die gewaschenen, halbierten und entkernten Weintrauben unterheben, die Wurstknödel oben auf das Kraut legen und das Ganze für weitere 20 Minuten in den Backofen schieben.

★ Nach Ende der Garzeit das Sauerkraut mit den Wurstknödeln anrichten, mit Kräuterzweigen ausgarnieren und servieren.

Aufläufe und Überbackenes

Sauerkraut-Kartoffel-Gratin

Für 4 Personen:
500 g gegarte Kartoffeln
1–2 EL Butter oder Margarine
1 Gemüsezwiebel
500 g Sauerkraut
1/4 l Sahne
1 Becher Crème fraîche
4 Eier
Salz
Pfeffer aus der Mühle
1 Prise Muskat
einige Tropfen Zitronensaft
einige Tropfen Worcestersauce
1 Hand voll gemischte, gehackte Kräuter

★ Die Kartoffeln pellen und in Scheiben schneiden.

★ Die Butter oder Margarine in einer Auflaufform erhitzen und die geschälte und fein gehackte Zwiebel darin glasig schwitzen.

★ Das Sauerkraut zerpflücken, dazugeben und kurz mitschwitzen.

★ Zum Schluss die Kartoffelscheiben unterheben und ebenfalls kurz mitschwitzen.

★ Die Sahne mit der Crème fraîche und den Eiern verschlagen, mit Salz, Pfeffer, Muskat, Zitronensaft und Worcestersauce kräftig abschmecken und gleichmäßig auf der Sauerkrautmischung verteilen.

★ Das Ganze in dem auf 180–200 °C vorgeheizten Backofen in 20–25 Minuten backen, herausnehmen, dekorativ anrichten, mit den gehackten Kräutern bestreuen, ausgarnieren und sofort servieren.

Sauerkrautauflauf

Für 4 Personen:
250 g Magerquark
50 g Weizenmehl
200 g Sahnedickmilch
4 Eier
einige Tropfen Sojasauce
2 cl Cognac
250 g Lauch
1–2 EL Butter
200 g magerer, gekochter Schinken
Butter oder Margarine für die Form
500 g Sauerkraut
1–2 EL fein gehackter Estragon
1–2 EL fein gehackter Majoran
Salz
Pfeffer aus der Mühle
2 Eiweiß
1 Bund Schnittlauch

★ Den Magerquark mit dem Mehl, der Sahnedickmilch und den Eiern zu einem glatten Teig verrühren.

★ Die Sojasauce und den Cognac unter den Teig mischen.

★ Den Lauch putzen, waschen, in feine Ringe schneiden und in der erhitzten Butter kurz anbraten.

★ Den Schinken in Würfel schneiden, zum Lauch geben und ebenfalls mitbraten.

★ Eine Auflaufform mit der Butter oder Margarine ausfetten, 2 Drittel des Teiges einfüllen und das Sauerkraut locker darauf geben.

★ Die Kräuter über das Sauerkraut streuen, mit Salz und Pfeffer würzen und die Schinken-Lauch-Masse darauf verteilen.

★ Die Eiweiße zu steifem Schnee schlagen, unter den restlichen Teig heben und auf dem Auflauf verteilen.

★ In dem auf 200 °C vorgeheizten Backofen 45–50 Minuten backen, dekorativ anrichten, mit dem verlesenen, gewaschenen und in Röllchen geschnittenen Schnittlauch bestreuen, ausgarnieren und servieren.

Krautauflauf mit Schweinefleisch

Für 4 Personen:
500 g Schweinefleisch
2 kleine Zwiebeln
1 EL Schweineschmalz
Salz
Pfeffer aus der Mühle
200 g bissfest gegarter Langkornreis
1 Paar Debrecziner Würstchen
200 g durchwachsener, geräucherter Speck
1 kg Sauerkraut
1/4 l Gemüsebrühe
Schweineschmalz für die Form
1 Knoblauchzehe
2–3 Becher saure Sahne
1 Prise Paprikapulver, edelsüß
1 Bund Petersilie

★ Das Schweinefleisch durch die grobe Scheibe des Fleischwolfes drehen und mit den geschälten und gehackten Zwiebeln vermischen.

★ Das Schmalz in einer Pfanne erhitzen und das Schweinefleisch darin unter ständigem Rühren braten. Mit Salz und Pfeffer würzen und den Reis unterheben.

★ Die Debrecziner Würstchen in Scheiben und den Speck in Würfel schneiden, in einer Pfanne ohne Fett braten und beiseite stellen.

★ Das Sauerkraut in der Gemüsebrühe garen, abgießen und abtropfen lassen.

★ Eine Auflaufform mit Schweineschmalz ausfetten und mit der Knoblauchzehe ausreiben.

★ Sauerkraut, Speck und Debrecziner einfüllen, mit glatt gerührter, saurer Sahne überziehen und mit Paprikapulver bestäuben.

★ Darauf eine Lage Schweinefleisch mit Reis geben, dann wieder Sauerkraut, Speck und Debrecziner, wieder saure Sahne und Paprikapulver.

★ So weitermachen, bis alle Zutaten aufgebraucht sind, die restliche saure Sahne darüber gießen und den Auflauf im auf 180–200 °C vorgeheizten Backofen 45 Minuten garen.

★ Den Krautauflauf mit Schweinefleisch aus dem Ofen nehmen, dekorativ anrichten, mit verlesener, gewaschener und fein gehackter Petersilie bestreuen und servieren.

Paprikagulasch mit Sauerkraut

Für 4 Personen:
500 g Gulasch
1 Bund Suppengrün
1 Zwiebel
je 1 kleine grüne, rote und gelbe Paprikaschote
2 EL Öl
1 Dose Tomatenmark
1/4 l Rotwein
3/4 l Gemüsebrühe
1 kleine Dose Sauerkraut
Salz
1 Prise Cayennepfeffer
1 EL Paprikapulver, edelsüß
1 frische Peperoni
1/2 Becher saure Sahne
1 Prise Paprikapulver, edelsüß

★ Das Gulasch waschen, trockentupfen und nach Bedarf klein schneiden.

★ Das Suppengrün putzen und fein würfeln, die Zwiebel schälen und in Ringe schneiden, die Paprikaschoten halbieren, entkernen, waschen, gut abtropfen lassen und in Streifen schneiden.

★ Das Öl in einem Topf erhitzen und das Fleisch darin kräftig anbraten. Das Gemüse dazugeben und kurz mitbraten.

★ Das Tomatenmark einrühren, kurz rösten, mit dem Rotwein ablöschen und die Gemüsebrühe angießen.

★ Das Gulasch 1 1/2 Stunden schmoren lassen. 20 Minuten vor Garende das Sauerkraut zerpflücken und dazugeben.

★ Mit Salz, Cayennepfeffer und Paprikapulver würzen und fertig garen.

★ Die Peperoni halbieren, entkernen, waschen und in Ringe schneiden.

★ Das Paprikagulasch mit der sauren Sahne überziehen, mit Paprikapulver bestreuen und kurz im Backofen erhitzen. Herausnehmen, dekorativ anrichten, mit den Peperoniringen bestreuen, ausgarnieren und servieren.

Sauerkrautgratin mit Äpfeln

Für 4 Personen:

200 g durchwachsener, geräucherter Speck
1 Zwiebel
1–2 EL Butter oder Margarine
500 g Sauerkraut
1 Schuss Weißwein
1 Tasse Gemüsebrühe
2 Lorbeerblätter
einige Wacholderbeeren
einige Pimentkörner
einige Pfefferkörner
2 Äpfel
400 g gegarte Kartoffeln
Butter für die Form
Salz
Pfeffer aus der Mühle
Butterflöckchen
1 Tasse gemischte, gehackte Kräuter

★ Den Speck in Würfel oder Streifen schneiden, die Zwiebel schälen und fein hacken.

★ Die Butter oder Margarine in einem Topf erhitzen und den Speck darin auslassen. Die Zwiebel dazugeben und glasig schwitzen.

★ Das Sauerkraut zerpflücken, zur Speck-Zwiebel-Mischung geben und ebenfalls kurz mitschwitzen.

★ Mit Weißwein ablöschen, die Gemüsebrühe angießen und die Lorbeerblätter, die Wacholderbeeren, die Pimentkörner und die Pfefferkörner einlegen und das Sauerkraut 15–20 Minuten dünsten.

★ Die Äpfel schälen, das Kerngehäuse herausschneiden und das Fruchtfleisch in Scheiben schneiden. Die Kartoffeln pellen und ebenfalls in Scheiben schneiden.

★ Eine Auflaufform ausfetten und lagenweise Speckkraut, Kartoffeln und Äpfel einschichten, dabei jede Lage mit Salz und Pfeffer würzen.

★ Zum Schluss einige Butterflöckchen obenauf setzen und das Ganze im auf 180–200 °C vorgeheizten Backofen 30–40 Minuten backen.

★ Das Sauerkrautgratin mit Äpfeln herausnehmen, dekorativ anrichten, mit den gehackten Kräutern bestreuen, ausgarnieren und servieren.

Sauerkraut-Kasseler-Auflauf

Für 4 Personen:

400 g gegarte Kartoffeln
1–2 EL Butter oder Margarine
1 Zwiebel
150 g Kasseler ohne Knochen
1 Schuss Weißwein
300 g Sauerkraut
Butter für die Form
2 Becher Sahne
5 Eier
Salz
Pfeffer aus der Mühle
1 Prise Muskat
1 Prise Kümmelpulver
1 Prise Cayennepfeffer
1 Bund Schnittlauch

★ Die Kartoffeln pellen und in Würfel schneiden. Die Butter oder Margarine erhitzen und die geschälte und fein gehackte Zwiebel darin anschwitzen.

★ Das Kasseler würfeln, zur Zwiebel geben und kurz mitbraten.

★ Mit Weißwein ablöschen, die Kartoffeln und das Sauerkraut dazugeben, kurz durchschwenken und in eine ausgefettete Auflaufform geben.

★ Die Sahne mit den Eiern in eine Schüssel geben und gut verschlagen.

★ Mit Salz, Pfeffer, Muskat, Kümmel und Cayennepfeffer kräftig abschmecken.

★ Den Auflauf in den auf 180–200 °C vorgeheizten Backofen schieben und 20–25 Minuten backen.

★ Herausnehmen, anrichten und mit dem verlesenen, gewaschenen und in feine Röllchen geschnittenen Schnittlauch bestreut servieren.

Auflauf mit Speck

FÜR 4 PERSONEN:
500 g Kartoffeln
Salzwasser
1 große Dose Sauerkraut
Salz
Pfeffer aus der Mühle
1 Prise Zucker
1 TL Kümmel
375 g durchwachsener, geräucherter Speck in Scheiben
4 Zwiebeln
Butter für die Form
4 EL Semmelbrösel
Butterflöckchen

★ Die Kartoffeln im Salzwasser garen, abgießen, pellen und in Scheiben schneiden.

★ Das Sauerkraut zerpflücken und mit Salz, Pfeffer und Zucker abschmecken. Zum Schluss den Kümmel untermischen.

★ Den Speck in einer trockenen Pfanne leicht anbraten. Die Zwiebeln schälen, in Ringe schneiden und im Speckfett glasig dünsten.

★ Eine Auflaufform leicht ausfetten und abwechselnd Kartoffelscheiben, Sauerkraut, Speck und Zwiebeln einfüllen. Die oberste Lage soll Sauerkraut sein.

★ Die Semmelbrösel über den Auflauf streuen und die Butterflöckchen darauf setzen.

★ Den Auflauf im auf 200 °C vorgeheizten Backofen 60–65 Minuten backen, herausnehmen, dekorativ anrichten, ausgarnieren und servieren.

Sauerkrautsalat mit Nudeln

FÜR 4 PERSONEN:
200 g Sauerkraut
1 Salatgurke
300 g bissfest gegarte Nudeln
1/2 Tasse Estragonessig
1 Tasse Gemüsebrühe
1/2 Tasse Olivenöl
Salz, Pfeffer aus der Mühle
1 Prise Cayennepfeffer
1 Prise Zucker

★ Das Sauerkraut waschen, gut abtropfen lassen und in eine Schüssel geben.

★ Die in Scheiben geschnittene Salatgurke mit den Nudeln unter das Sauerkraut mischen.

★ Den Estragonessig mit der Gemüsebrühe und dem Olivenöl verrühren, mit Salz, Pfeffer, Cayennepfeffer und Zucker kräftig abschmecken.

★ Den Salat mit dem Dressing anmachen und im Kühlschrank kurz ziehen lassen. Nochmals nachschmecken, dekorativ anrichten, ausgarnieren und servieren.

Deftiger Krautauflauf

Für 4 Personen:
2 Zwiebeln
200 g durchwachsener, geräucherter Speck
200 g gekochter, magerer Schinken
1–2 EL Butter oder Margarine
1 Dose Sauerkraut
1/4 l Gemüsebrühe
Salz
Pfeffer aus der Mühle
1 Lorbeerblatt
einige Wacholderbeeren
einige Pimentkörner
einige Senfkörner
1 Becher Sahne
2 Becher Sahnedickmilch
2 Eier
1 Prise Muskat
1 Tasse gemischte, gehackte Kräuter
1 kg fertig gegarte Kartoffeln
Butterflöckchen

★ Die Zwiebeln schälen und fein hacken, den Speck und den Schinken in Würfel schneiden.

★ Die Butter oder Margarine in einer Auflaufform erhitzen, den Speck darin auslassen, die Zwiebeln dazugeben und glasig schwitzen und zum Schluss die Schinkenwürfel untermischen.

★ Das Sauerkraut zerpflücken, unter die Speckmischung heben, kurz mitschwitzen und mit der Gemüsebrühe ablöschen.

★ Mit Salz und Pfeffer würzen, das Lorbeerblatt, die Wacholderbeeren, die Pimentkörner sowie die Senfkörner in einen Gewürzbeutel geben und in die Brühe legen. Zugedeckt 15–20 Minuten garen und den Gewürzbeutel entfernen.

★ Die Sahne mit der Sahnedickmilch und den Eiern glatt rühren, mit Salz, Pfeffer und Muskat kräftig abschmecken und die Kräuter unterziehen.

★ Die Kartoffeln pellen, in Scheiben schneiden, auf dem Sauerkraut verteilen und mit der Sahne-Ei-Mischung übergießen. Zum Schluss einige Butterflöckchen obenauf setzen.

★ Den Auflauf in dem auf 180–200 °C vorgeheizten Backofen 15–20 Minuten backen, herausnehmen, dekorativ anrichten, ausgarnieren und servieren.

Sauerkraut-Hackfleisch-Auflauf

Für 4 Personen:
1 kg Kartoffeln
Salzwasser
2–3 EL Butter
1/4 l heiße Milch
Salz
Pfeffer aus der Mühle
1 Prise Muskat
2 EL Schweineschmalz
750 g Sauerkraut
1/4 l Gemüsebrühe
1 Lorbeerblatt
1 Prise Zucker
2 EL Öl
1 Zwiebel
300 g gemischtes Hackfleisch
Butter oder Margarine für die Form
1 Becher Crème fraîche

★ Die Kartoffeln schälen, waschen, je nach Größe halbieren oder vierteln und im Salzwasser garen. Abgießen und durch die Kartoffelpresse treiben.

★ Die Butter und die Milch einrühren, mit Salz, Pfeffer und Muskat kräftig abschmecken.

★ Das Schweineschmalz in einem Topf erhitzen und das zerpflückte Sauerkraut darin andünsten.

★ Die Gemüsebrühe angießen, das Lorbeerblatt dazugeben und das Sauerkraut 20–25 Minuten garen. Mit Salz, Pfeffer und Zucker abschmecken und das Lorbeerblatt entfernen.

★ Das Öl in einer Pfanne erhitzen und die geschälte, fein gehackte Zwiebel darin glasig schwitzen.

★ Das Hackfleisch dazugeben, unter ständigem Rühren braten und mit Salz und Pfeffer würzen.

★ Eine Auflaufform ausfetten und lagenweise Kartoffelbrei, Hackfleisch und Sauerkraut einfüllen. Die Crème fraîche glatt rühren und darüber gießen.

★ Den Sauerkrautauflauf in dem auf 220 °C vorgeheizten Backofen 20 Minuten überbacken, herausnehmen, dekorativ anrichten, ausgarnieren und servieren.

Überbackenes Grünkernkraut

Für 4 Personen:

150 g Grünkern
1/2 l Gemüsebrühe
1–2 Zwiebeln
1–2 Knoblauchzehen
1–2 EL Speiseöl
1 große Dose Sauerkraut
1 Lorbeerblatt
einige Pfefferkörner
1–2 mürbe Äpfel
Saft von 1/2 Zitrone
Salz
Pfeffer aus der Mühle
1 Bund Dill
Butter oder Margarine für die Form
2 Becher Crème double

★ Den Grünkern waschen und über Nacht in 1/2 l Wasser einweichen.

★ Die Gemüsebrühe in einem Topf erhitzen, den Grünkern darin 20 Minuten garen, abgießen und gut abtropfen lassen.

★ Die Zwiebeln und die Knoblauchzehen schälen und fein hacken, das Speiseöl in einem Topf erhitzen und beides darin glasig schwitzen.

★ Das Sauerkraut, das Lorbeerblatt und die Pfefferkörner dazugeben und 15 Minuten dünsten.

★ Die Äpfel schälen, das Kerngehäuse herausschneiden und das Fruchtfleisch in Stifte schneiden.

★ Mit Zitronensaft beträufeln, 5 Minuten vor Garende zum Sauerkraut geben und mitdünsten.

★ Nach Ende der Garzeit das Kraut mit Salz und Pfeffer würzen.

★ Den Dill verlesen, waschen, fein hacken, mit dem Grünkern zum Sauerkraut geben und gut vermischen.

★ Eine Auflaufform mit Butter oder Margarine ausfetten und die Hälfte des Grünkernkrautes einfüllen.

★ Die Hälfte der Crème double glatt rühren und darauf verteilen, mit dem restlichen Kraut abdecken und im auf 200 °C vorgeheizten Backofen 15 Minuten überbacken.

★ Die restliche Crème double auf dem Auflauf glatt streichen, goldgelb überbacken, herausnehmen, anrichten, ausgarnieren und servieren.

Überbackene Leberkäserollen

Für 4 Personen:
8 Scheiben Leberkäse, 1/2 cm dick
2–3 EL mittelscharfer Senf
1 Dose Sauerkraut
1 Tasse Gemüsebrühe
Gewürzbeutel mit Lorbeerblatt, Wacholderbeeren, Pfefferkörnern und Senfkörnern
Salz
weißer Pfeffer aus der Mühle
1 Prise Zucker
Butter oder Margarine für die Form
150 g geriebener Emmentaler
1 Bund Schnittlauch
1 rote Paprikaschote

★ Die Leberkäsescheiben auf eine Arbeitsfläche legen und dünn mit Senf bestreichen.

★ Das Sauerkraut mit der Gemüsebrühe und dem Gewürzbeutel in einen Topf geben, zum Kochen bringen und 15–20 Minuten garen.

★ Mit Salz, Pfeffer und Zucker kräftig abschmecken, den Gewürzbeutel entfernen, das Sauerkraut in ein Sieb gießen und gut abtropfen lassen.

★ Das Sauerkraut auf den Leberkäsescheiben verteilen, diese zusammenrollen und in eine ausgefettete Auflaufform legen.

★ Die Leberkäserollen mit dem geriebenen Emmentaler bestreuen und im auf 180–200 °C vorgeheizten Backofen überbacken, bis der Käse geschmolzen ist.

★ In der Zwischenzeit den Schnittlauch verlesen, waschen und in Röllchen schneiden, die Paprikaschote halbieren, entkernen, waschen, gut abtropfen lassen und in Streifen schneiden.

★ Die überbackenen Leberkäserollen dekorativ anrichten, mit Schnittlauchröllchen bestreuen, mit Paprikastreifen ausgarnieren und sofort servieren.

Speck-Kartoffelgemüse mit Sauerkraut

Für 4 Personen:
1–2 EL Butter
1 Zwiebel
150 g durchwachsener, geräucherter Speck
1 kleine Dose Sauerkraut
500 g gegarte Kartoffeln
1 Schuss Weißwein
1/4 l Gemüsebrühe
Salz
Pfeffer
1 Prise Muskat
1 Prise Cayennepfeffer
4 Tomaten
100 g Doppelrahmfrischkäse
1 Bund Schnittlauch

★ Die Butter in einer feuerfesten Form erhitzen und die geschälte und fein gehackte Zwiebel darin glasig schwitzen.

★ Den in feine Würfel geschnittenen Speck dazugeben und mitschwitzen. Das Sauerkraut unterheben und ebenfalls mitschwitzen.

★ Die Kartoffeln pellen und in 1–2 cm dicke Stücke schneiden. Die Kartoffeln zur Zwiebel geben und kurz mitschwitzen.

★ Mit Weißwein ablöschen, mit der Gemüsebrühe auffüllen, mit Salz, Pfeffer, Muskat und Cayennepfeffer kräftig abschmecken und 10 Minuten köcheln lassen.

★ Anschließend die enthäuteten, entkernten und in Würfel geschnittenen Tomaten untermischen.

★ Das Speck-Kartoffelgemüse mit dem zerbröckelten Doppelrahmfrischkäse bestreuen, im auf 200 °C vorgeheizten Backofen kurz überbacken, herausnehmen, anrichten und mit frisch geschnittenem Schnittlauch bestreut servieren.

Sauerkraut in der
leichten Küche

Sauerkrautbrot mit Mettwürsten

Für 4 Personen:
4 Kochmettwürste
4 Scheiben Graubrot
Butter oder Margarine zum Bestreichen
500 g mildes Sauerkraut
250 g Frischkäse

★ Die Mettwürste in heißem Wasser ziehen lassen, herausnehmen und in schräge Scheiben schneiden.

★ Die Graubrotscheiben mit Butter oder Margarine bestreichen und mit dem zerpflückten Sauerkraut belegen. Die Wurstscheiben darauf verteilen.

★ Den Frischkäse zerbröckeln und auf die Wurstscheiben streuen.

★ Die Sauerkrautbrote in dem auf 250 °C vorgeheizten Backofen kurz überbacken, herausnehmen, dekorativ anrichten, ausgarnieren und servieren.

Schnelles Sauerkrautbrot

Für 4 Personen:
4 Scheiben Vollkornknäckebrot
Butter oder Margarine
1 kleine Dose Sauerkraut
Salz
weißer Pfeffer aus der Mühle
1/2 Bund Schnittlauch

★ Das Vollkornknäckebrot mit Butter oder Margarine bestreichen, mit dem zerpflückten Sauerkraut belegen und mit Salz und weißem Pfeffer würzen.

★ Den Schnittlauch verlesen, waschen, in Röllchen schneiden, die Brote damit bestreuen, ausgarnieren und servieren.

Rohes Apfelkraut

Für 4 Personen:
2 säuerliche Äpfel
Saft von 1 Zitrone
400 g mildes Weinsauerkraut
200 g durchwachsener, geräucherter Speck
1 Becher saure Sahne
1/2 Becher Sahne
Salz
Pfeffer aus der Mühle
1 Prise Cayennepfeffer
1 Prise Kümmelpulver
1 Prise Zucker
1 Tasse gemischte, gehackte Kräuter
20 g grob gehackte Nüsse

★ Die Äpfel gründlich abwaschen, trockentupfen, das Kerngehäuse herausschneiden und das Fruchtfleisch in Schnitze schneiden. In eine Schüssel geben und sofort mit Zitronensaft beträufeln.

★ Das Sauerkraut zerpflücken oder klein schneiden und den Speck in Würfel oder Streifen schneiden.

★ Den Speck in einer Pfanne ohne Fett auslassen, herausnehmen und gut abtropfen lassen.

★ Das Sauerkraut und den Speck zu den Äpfeln geben und vermischen.

★ Die saure Sahne mit der Sahne glatt rühren, mit Salz, Pfeffer, Cayennepfeffer, Kümmelpulver und Zucker kräftig abschmecken und die gehackten Kräuter unterheben.

★ Das Apfelkraut damit anmachen und 15 Minuten ziehen lassen und nochmals abschmecken.

★ Das Apfelkraut dekorativ anrichten, mit den gehackten Nüssen bestreuen, ausgarnieren und servieren.

Vitaminteller

Für 4 Personen:
500 g frisches Sauerkraut
250 g Karotten
1 rote Zwiebel
2 kleine, säuerliche Äpfel
Saft von 1/2 Zitrone
5 EL Essig
5 EL Öl
Salz
Pfeffer aus der Mühle
1 Prise Zucker
1/2 Bund Dill
einige Salatblätter

★ Das Sauerkraut nach Bedarf abwaschen, zerpflücken und in eine Schüssel geben.

★ Die Karotten schälen und grob raspeln, die Zwiebel schälen und in feine Würfel schneiden. Die Äpfel schälen, entkernen, in dünne Spalten schneiden und sofort mit Zitronensaft beträufeln.

★ Die Karotten, die Zwiebel und die Apfelspalten zum Sauerkraut geben und locker untermischen.

★ Für das Dressing den Essig mit dem Öl verrühren, mit Salz, Pfeffer und Zucker abschmecken und zum Schluss den verlesenen, gewaschenen und fein gehackten Dill dazugeben.

★ Den Vitaminteller mit dem Dressing anmachen und zugedeckt 30 Minuten durchziehen lassen.

★ Die Salatblätter waschen, gut abtropfen lassen und einen großen Teller damit auslegen. Die Sauerkrautrohkost darauf verteilen, ausgarnieren und servieren.

Fitnesskraut

Für 4 Personen:
300 g mildes Sauerkraut
4 kleine Karotten
4 kleine, rotschalige Äpfel
Saft von 1 Zitrone
2–3 EL Apfelessig
2–3 EL Sonnenblumenöl
Salz
weißer Pfeffer aus der Mühle
1 Prise Zucker

★ Das Sauerkraut zerpflücken und in eine Schüssel geben.

★ Die Karotten putzen und in Stifte schneiden, die Äpfel gründlich abwaschen, trockentupfen, das Kerngehäuse herausschneiden und die Äpfel in Würfel schneiden.

★ Die Karotten und die Äpfel mit Zitronensaft beträufeln und unter das Sauerkraut heben.

★ Für das Dressing den Apfelessig mit dem Sonnenblumenöl verrühren, mit Salz, Pfeffer und Zucker kräftig abschmecken und das Sauerkraut damit anmachen.

★ Das Fitnesskraut dekorativ anrichten, ausgarnieren und servieren.

Ananas-Sauerkraut-Salat

Für 4 Personen:
100 g frische Ananas
400 g Sauerkraut
200 g gegarte Putenbrust
400 g Crème fraîche
1–2 EL Sahne
1/2 Bund Schnittlauch
Salz
Pfeffer aus der Mühle
1 Prise Kümmelpulver
1 Prise Cayennepfeffer
1 Prise Zucker
1/2 Kopf Eisbergsalat
Kräuterzweige zum Garnieren

★ Die Ananas in feine Streifen schneiden und in eine Schüssel geben.

★ Das Sauerkraut zerpflücken, je nach Säuregrad waschen, abtropfen lassen und mit der in feine Streifen geschnittenen Putenbrust unter die Ananas heben.

★ Die Crème fraîche in eine Schüssel geben und schaumig schlagen. Die Sahne und den verlesenen, gewaschenen und in Röllchen geschnittenen Schnittlauch unterziehen.

★ Das Dressing mit Salz, Pfeffer, Kümmelpulver, Cayennepfeffer und Zucker kräftig abschmecken und den Salat damit anmachen. Kurz ziehen lassen und nochmals nachschmecken.

★ Den Eisbergsalat verlesen, waschen, gut abtropfen lassen, in mundgerechte Stücke zerpflücken und 4 Teller damit auslegen.

★ Den Ananas-Sauerkraut-Salat auf den Salatblättern anrichten, mit Kräuterzweigen ausgarnieren und sofort servieren.

Karotten-Sauerkraut-Rohkost

Für 4 Personen:

600 g Karotten
400 g Sauerkraut
2 Scheiben frische Ananas
1 Bund Schnittlauch
Saft von 1/2 Zitrone
1–2 EL Obstessig
1–2 EL Olivenöl
Salz
Pfeffer aus der Mühle
1 Prise Zucker
1 Prise Cayennepfeffer
1 Tasse gemischte, gehackte Kräuter

★ Die Karotten schälen, waschen, gut abtropfen lassen und raspeln. Das Sauerkraut zerpflücken und grob hacken, mit den Karotten in eine Schüssel geben. Die Ananasscheiben in feine Würfel schneiden und unter den Salat heben.

★ Den verlesenen, gewaschenen und fein geschnittenen Schnittlauch unterheben.

★ Den Zitronensaft mit dem Obstessig verrühren, das Olivenöl tropfenweise unterschlagen, das Ganze mit Salz, Pfeffer, Zucker und Cayennepfeffer abschmecken und die Rohkost damit anmachen.

★ Die Rohkost 10–15 Minuten im Kühlschrank ziehen lassen und nochmals nachschmecken.

★ Anschließend die Karotten-Sauerkraut-Rohkost dekorativ anrichten, mit den gehackten Kräutern bestreuen, ausgarnieren und sofort servieren.

Schinkensalat

Für 4 Personen:

350 g Sauerkraut
250 g gekochter Schinken
150 g grüne und blaue Weintrauben
1 Becher saure Sahne
Salz
weißer Pfeffer aus der Mühle
1 Prise Zucker

★ Das Sauerkraut je nach Säure abwaschen, gut abtropfen lassen und zerpflücken oder klein schneiden.

★ Den gekochten Schinken in Würfel oder Streifen schneiden.

★ Die Weintrauben verlesen, waschen, gut abtropfen lassen, halbieren und entkernen.

★ Die Schinkenstücke und die Weintraubenhälften locker unter das Sauerkraut heben.

★ Die saure Sahne in einer Schüssel glatt rühren, mit Salz, Pfeffer und Zucker kräftig abschmecken, den Salat damit anmachen und mindestens 10 Minuten ziehen lassen. Den Sauerkraut-Schinken-Salat auf 4 Tellern anrichten, ausgarnieren und servieren.

Krautsalat mit Mais

Für 4 Personen:

1 Zwiebel
1 EL Butter oder Margarine
400 g Sauerkraut
1 Tasse Gemüsebrühe
1 Dose Maiskörner
Salz
Pfeffer aus der Mühle
1 Prise Zucker
1–2 EL Weinessig
1–2 EL Olivenöl
1 grüne Peperoni

★ Die Zwiebel schälen und fein hacken. Die Butter oder Margarine in einem Topf erhitzen und die Zwiebel darin glasig schwitzen.

★ Das Sauerkraut je nach Säure abwaschen, gut abtropfen lassen, zerpflücken, zur Zwiebel geben und kurz mitschwitzen.

★ Mit der Brühe ablöschen, die Maiskörner unterheben, mit Salz, Pfeffer und Zucker abschmecken und erkalten lassen.

★ Den Krautsalat nochmals abschmecken und mit Weinessig und Olivenöl beträufeln.

★ Die Peperoni putzen, entkernen und in feine Ringe schneiden.

★ Den Krautsalat mit Mais dekorativ anrichten, mit den Peperoniringen bestreuen, ausgarnieren und servieren.

Bunte Sauerkraut-Rohkost

Für 4 Personen:

500 g Sauerkraut
4 dünne Scheiben frische Ananas
4 kleine Orangen
1 Becher Vollmilchjoghurt
1–2 EL Honig
1 Schuss Orangensaft
Salz
Pfeffer aus der Mühle
1 Prise Zucker
einige Salatblätter
Kräuterzweige zum Garnieren

★ Das Sauerkraut zerpflücken und in eine Schüssel geben. Die Ananasscheiben würfeln. Die Orangen schälen, die Filets aus der Haut lösen, ebenfalls würfeln und mit den restlichen Zutaten zum Sauerkraut geben. Alles vorsichtig miteinander vermischen.

★ Für das Dressing den Joghurt, den Honig und den Orangensaft miteinander glatt rühren. Mit Salz, Pfeffer und Zucker kräftig würzen.

★ Den Salat damit anmachen und kurz ziehen lassen.

★ In der Zwischenzeit die Salatblätter waschen, gut abtropfen lassen oder trockenschleudern und auf 4 Tellern anrichten.

★ Die Sauerkraut-Rohkost auf den Salatblättern verteilen, mit Kräuterzweigen ausgarnieren und servieren.

Sauerkraut mit Sahnedressing

Für 4 Personen:

400 g Sauerkraut
2 säuerliche Äpfel
Saft von 1 Zitrone
1 Becher Sahne
1 Becher Sahnedickmilch
Salz, Pfeffer aus der Mühle
1 Tasse Haselnüsse
1 Bund Schnittlauch

★ Das Sauerkraut waschen, gut abtropfen lassen und in dünne Stifte schneiden.

★ Die Äpfel waschen, halbieren, das Kerngehäuse herauslösen und die Äpfel grob raspeln, mit Zitronensaft beträufeln, mit den restlichen Salatzutaten vermischen.

★ Die Sahne mit der Sahnedickmilch verrühren, mit Salz und Pfeffer abschmecken und die Rohkost damit anmachen, anrichten, ausgarnieren und mit den gehackten Haselnüssen und dem frisch geschnittenen Schnittlauch bestreut servieren.

Krautsalat zu Schweinerippchen

Für 4 Personen:
8 Schweinerippchen à 125 g
Salz
Pfeffer aus der Mühle
1–2 EL Butterschmalz
100 g durchwachsener, geräucherter Speck
1–2 EL Butter oder Margarine
500 g Sauerkraut
1/4 l Gemüsebrühe
1 Lorbeerblatt
1 Prise Kümmelpulver
1 Prise Zucker
1–2 EL Weinessig
1–2 EL Pflanzenöl

★ Die Schweinerippchen unter fließendem Wasser abwaschen, trockentupfen und mit Salz und Pfeffer einreiben.

★ Das Butterschmalz in einem Bräter erhitzen, die Rippchen darin anbraten und anschließend zugedeckt im auf 170–180 °C vorgeheizten Backofen 60–70 Minuten garen.

★ Den Speck in feine Würfel schneiden und in der erhitzten Butter oder Margarine anbraten.

★ Das Sauerkraut dazugeben, die Gemüsebrühe angießen, das Lorbeerblatt einlegen und das Sauerkraut 15 Minuten köcheln lassen.

★ Das Sauerkraut vom Herd nehmen, das Lorbeerblatt entfernen, das Sauerkraut mit Salz, Pfeffer, Kümmelpulver und Zucker abschmecken und erkalten lassen.

★ Nach dem Erkalten nochmals nachschmecken, mit Weinessig und Pflanzenöl beträufeln.

★ Die Schweinerippchen mit dem Krautsalat anrichten, ausgarnieren und servieren.

Sauerkrautsalat

Für 4 Personen:
500 g mildes Sauerkraut
2 Birnen
Salz
Pfeffer aus der Mühle
1 Prise Kümmelpulver
100 g durchwachsener, geräucherter Speck
2 Zwiebeln

★ Das Sauerkraut zerpflücken oder klein schneiden und in eine Schüssel geben.

★ Die Birnen schälen, halbieren, das Kerngehäuse herausschneiden, das Fruchtfleisch in Würfel schneiden und mit dem Sauerkraut vermischen. Mit Salz, Pfeffer und Kümmelpulver würzen.

★ Den Speck in feine Streifen schneiden und in einer Pfanne ohne Fett auslassen.

★ Die Zwiebeln schälen, fein hacken, zum Speck geben und hellbraun braten.

★ Das Sauerkraut auf 4 Tellern anrichten, die Speck-Zwiebel-Mischung darauf verteilen, ausgarnieren und sofort servieren.

Paprika-Sauerkrautsalat

Für 4 Personen:
1 rote Paprikaschote
1 grüne Paprikaschote
1 kleine Zwiebel
350 g Sauerkraut
5 EL Öl
2 EL Essig
Salz
weißer Pfeffer aus der Mühle
1/2 TL Paprikapulver, edelsüß
1 Prise Zucker
1 Prise Paprikapulver, edelsüß
Kräuterzweige zum Garnieren

★ Die Paprikaschoten putzen, halbieren, entkernen, waschen, gut abtropfen lassen und in dünne Streifen schneiden.

★ Die Zwiebel schälen und in dünne Ringe schneiden.

★ Das Sauerkraut zerpflücken und mit den Paprikastreifen und den Zwiebelringen in eine Schüssel geben.

★ Das Öl in eine Schüssel geben, den Essig einrühren, mit Salz, Pfeffer, Paprikapulver und Zucker kräftig abschmecken und den Salat damit anmachen.

★ Den Salat zugedeckt 30 Minuten ziehen lassen, herausnehmen, nochmals nachschmecken, anrichten, mit Paprikapulver bestäuben, mit Kräuterzweigen ausgarnieren und servieren.

Bananensalat

Für 4 Personen:
400 g Sauerkraut
2 kleine Äpfel
Saft von 1 Zitrone
1 kleine Zwiebel
6 EL Öl
2 EL Weinessig
Salz
weißer Pfeffer aus der Mühle
1–2 TL Zucker
2 feste Bananen
50 g Lachsschinken

★ Das Sauerkraut zerpflücken oder klein schneiden und in eine Schüssel geben.

★ Die Äpfel schälen, entkernen, fein raspeln und sofort mit Zitronensaft beträufeln. Die Zwiebel schälen und fein hacken.

★ Die Äpfel und die Zwiebel zum Sauerkraut geben und unterheben. Für die Marinade das Öl in eine Schüssel geben, den Essig einrühren und mit Salz, Pfeffer und Zucker abschmecken.

★ Die Marinade über den Salat gießen und zugedeckt 20–30 Minuten ziehen lassen.

★ Die Bananen schälen, in gleichmäßige Scheiben schneiden und mit Zitronensaft beträufeln. 2 Drittel davon unter den Salat heben.

★ Den Salat nochmals nachschmecken, dekorativ anrichten und mit den restlichen Bananenscheiben belegen. Mit dem in feine Streifen geschnittenen Lachsschinken belegen, ausgarnieren und sofort servieren.

Krautsalat mit Orangen

Für 4 Personen:

500 g Sauerkraut
3–4 Orangen
3–4 EL gehackte Nüsse
2 Becher Sahnedickmilch
1 Schuss Orangensaft
Salz
weißer Pfeffer aus der Mühle
1 Prise Cayennepfeffer
1–2 EL Honig

★ Das Sauerkraut je nach Säure abwaschen, gut abtropfen lassen, zerpflücken oder klein schneiden und in eine Schüssel geben.

★ Die Orangen schälen, die Filets aus der Haut lösen und klein schneiden und mit den gehackten Nüssen unter das Sauerkraut heben.

★ Die Sahnedickmilch mit dem Orangensaft glatt rühren, mit Salz, Pfeffer, Cayennepfeffer und Honig kräftig abschmecken und den Salat damit anmachen.

★ Den Krautsalat mit Orangen kurz durchziehen lassen, dekorativ anrichten, ausgarnieren und servieren.

Sauerkraut-Rettich-Salat

Für 4 Personen:
1 großer, weißer Rettich
1 Bund Radieschen
1 Stück Salatgurke
100 g Sauerkraut
1/8 l saure Sahne
Salz
weißer Pfeffer aus der Mühle
1 TL Zucker
1–2 EL gehackte Haselnüsse
4 Scheiben Bauernbrot
Butter zum Bestreichen

★ Den Rettich waschen, nach Bedarf schälen und grob raspeln. Die Radieschen waschen, trockentupfen und in Scheiben schneiden.

★ Die Salatgurke waschen und in feine Scheiben hobeln.

★ Das Sauerkraut zerpflücken und mit den restlichen Salatzutaten in eine Schüssel geben.

★ Die saure Sahne glatt rühren und mit Salz, Pfeffer und Zucker abschmecken.

★ Den Sauerkraut-Rettich-Salat dekorativ anrichten, mit dem Dressing überziehen, mit den gehackten Haselnüssen bestreuen, ausgarnieren und mit Butterbrot servieren.

Sauerkrautsalat mit Joghurt und Honig

Für 4 Personen:
1 Becher Magermilchjoghurt
1 EL Honig
einige Tropfen Apfelessig
Salz
Pfeffer aus der Mühle
400 g frisches Sauerkraut
1 Bund Schnittlauch

★ Den Joghurt mit dem Honig sowie dem Apfelessig glatt rühren und mit Salz und Pfeffer kräftig abschmecken.

★ Das Sauerkraut zerpflücken, auf 4 Tellern anrichten, mit dem Joghurtdressing überziehen und kurz ziehen lassen.

★ Den Schnittlauch verlesen, waschen und in Röllchen schneiden. Den Sauerkrautsalat damit bestreuen, ausgarnieren und servieren.

Fruchtiger Krautsalat

Für 4 Personen:
300 g Sauerkraut
1 Zwiebel
1 große Birne
einige Tropfen Zitronensaft
1 Becher Vollmilchjoghurt
1 Bund Petersilie
Salz
weißer Pfeffer aus der Mühle
1 Prise Zucker
1 Prise Cayennepfeffer

★ Das Sauerkraut je nach Säure unter fließendem Wasser waschen, gut abtropfen lassen, grob hacken und in eine Schüssel geben. Die Zwiebel schälen, in feine Würfel schneiden und zum Kraut geben.

★ Die Birne waschen, trockentupfen, vierteln, das Kerngehäuse herausschneiden und das Fruchtfleisch grob raspeln. Mit Zitronensaft beträufeln und unter das Sauerkraut mischen.

★ Für das Dressing den Joghurt glatt rühren, die verlesene, gewaschene und fein gehackte Petersilie untermischen.

★ Das Dressing mit Salz, Pfeffer, Zucker und Cayennepfeffer kräftig abschmecken und den Salat damit anmachen.

★ Den fruchtigen Krautsalat kurz ziehen lassen, anschließend dekorativ anrichten, ausgarnieren und servieren.

Deftiges aus der Sauerkrautküche

Sauerkraut-Brät-Strudel

FÜR 4 PERSONEN:
300 g Mehl
3 Eier
3/8 l Milch
Salz
weißer Pfeffer aus der Mühle
Butterschmalz zum Ausbacken
200 g feines Bratwurstbrät
1 Schuss Sahne
2 Eier
1 Prise Muskat
100–150 g mildes Sauerkraut
Semmelbrösel zum Binden
1 Tasse gemischte, gehackte Kräuter
Butter oder Margarine für die Form
1 Zwiebel
1–2 TL Butter oder Margarine
1 Schuss Weißwein
1/4 l gebundene Helle Sauce
1 Becher Sahne
1 TL Currypulver

★ Das Mehl mit den Eiern und der Milch in eine Schüssel geben, zu einem glatten Teig verrühren und mit Salz und Pfeffer würzen. Etwas Butterschmalz in einer Pfanne erhitzen und portionsweise Pfannkuchen ausbacken.

★ Für die Füllung das Bratwurstbrät in eine Schüssel geben, mit der Sahne glatt rühren, die Eier darunter schlagen und das Ganze mit Salz, Pfeffer und Muskat würzen.

★ Das Sauerkraut zerpflücken und unterheben. Mit Semmelbröseln binden und die Masse auf die Pfannkuchen streichen. Die Kräuter darüber streuen, die Pfannkuchen aufrollen und in eine ausgefettete Auflaufform setzen.

★ Im auf 180–200 °C vorgeheizten Backofen 12–15 Minuten backen, herausnehmen und warm stellen.

★ Die Zwiebel schälen, fein hacken und in der erhitzten Butter oder Margarine glasig schwitzen.

★ Mit Weißwein ablöschen, die gebundene Helle Sauce angießen und die Sahne einrühren. Die Sauce einmal aufkochen lassen, mit Salz, Pfeffer und Currypulver kräftig abschmecken und auf 4 vorgewärmten Tellern anrichten.

★ Die Pfannkuchen in 2 cm dicke Scheiben schneiden, in die Mitte setzen, das Ganze ausgarnieren und sofort servieren.

Krautrollen

Für 4 Personen:
500 g Sauerkraut
1/4 l Gemüsebrühe
Gewürzbeutel mit Lorbeerblatt, Wacholderbeeren, Pimentkörnern und Pfefferkörnern
1–2 TL Kümmel
1 Zwiebel
1–2 EL Butter oder Margarine
Salz
weißer Pfeffer aus der Mühle
1 Prise Muskat
300 g Mehl
1 Prise Salz
2 Eier
3–4 EL lauwarmes Wasser
Butterschmalz zum Braten
1 Tasse Gemüsebrühe

★ Das Sauerkraut zerpflücken, mit der Gemüsebrühe in einem Topf zum Kochen bringen, den Gewürzbeutel einlegen und den Kümmel einrühren. 15 Minuten garen, den Gewürzbeutel entfernen, das Sauerkraut abgießen und gut abtropfen lassen.

★ Die Zwiebel schälen und fein hacken, die Butter oder Margarine in einem Topf erhitzen, die Zwiebel hineingeben und glasig schwitzen. Das Sauerkraut untermischen, das Ganze mit Salz, Pfeffer und Muskat würzen, vom Feuer nehmen und erkalten lassen.

★ Das Mehl auf eine Arbeitsfläche sieben, das Salz darüber streuen und eine Mulde in die Mitte drücken.

★ Die Eier und das Wasser in die Mulde geben und das Ganze mit bemehlten Händen von außen nach innen zu einem glatten Nudelteig verarbeiten. Den Teig 30 Minuten ruhen lassen, anschließend auf einer bemehlten Arbeitsfläche dünn ausrollen.

★ Das Sauerkraut auf dem Teig verteilen, aufrollen und die Rolle in 3 cm breite Stücke schneiden.

★ Das Butterschmalz erhitzen, die Stücke mit den Schnittflächen einsetzen und von beiden Seiten anbraten. Die Brühe angießen und die Krautrollen im auf 180–200 °C vorgeheizten Backofen 20–25 Minuten garen. Die Krautrollen herausnehmen, dekorativ anrichten, ausgarnieren und servieren.

Krautknödel

Für 4 Personen:
10 altbackene Brötchen
1/2 l heiße Milch
4 Eier
1 Zwiebel
1–2 EL Butter oder Margarine
150 g Sauerkraut
1 Bund Petersilie
Salz
Pfeffer aus der Mühle
Semmelbrösel zum Binden
Salzwasser oder Gemüsebrühe zum Garen

★ Die Brötchen in sehr dünne Scheiben schneiden, in eine Schüssel geben, mit der heißen Milch übergießen und kurz ziehen lassen.

★ Anschließend die Eier einzeln dazugeben und das Ganze zu einem glatten Teig verarbeiten.

★ Die Zwiebel schälen, fein hacken und in der erhitzten Butter oder Margarine glasig schwitzen.

★ Das zerpflückte Sauerkraut dazugeben und kurz mitschwitzen. Vom Herd nehmen und leicht abkühlen lassen.

★ Die Sauerkrautmischung sowie die verlesene, gewaschene und fein gehackte Petersilie unter die Brötchenmasse arbeiten, mit Salz und Pfeffer würzen und nach Bedarf mit Semmelbröseln binden.

★ Das Salzwasser oder die Gemüsebrühe zum Kochen bringen. Aus der Brötchenmasse kleine Knödel formen und diese darin bei mäßiger Hitze 10–12 Minuten ziehen lassen. (Sie sind gar, wenn sie an der Wasseroberfläche schwimmen.)

★ Die Krautknödel halbieren oder in Scheiben schneiden, dekorativ anrichten und mit einer hellen Specksauce servieren.

Krautomelett

FÜR 4 PERSONEN:
1 Stange Lauch
1 rote Paprikaschote
1 kleine Dose Maiskörner
100–125 g mildes Sauerkraut
1–2 EL Butter oder Margarine
125 g magerer, gekochter Schinken
8 Eier
1/4 l Vollmilch
Salz
weißer Pfeffer aus der Mühle
1 Prise Muskat
1–2 TL Sojasauce

★ Den Lauch halbieren, waschen, gut abtropfen lassen und in Ringe schneiden.

★ Die Paprikaschote putzen, halbieren, entkernen, waschen, gut abtropfen lassen und in Streifen schneiden.

★ Die Maiskörner abtropfen lassen, das Sauerkraut fein schneiden.

★ Die Butter oder Margarine in einer großen Pfanne erhitzen, den Lauch und die Paprikaschoten darin anschwitzen, die Maiskörner und das Sauerkraut sowie den Schinken dazugeben und kurz mitschwitzen.

★ Die Eier mit der Milch verschlagen, mit Salz, Pfeffer, Muskat und Sojasauce kräftig abschmecken und über die Gemüsemischung gießen.

★ Zugedeckt bei schwacher Hitze 8–12 Minuten stocken lassen, herausnehmen, dekorativ anrichten, ausgarnieren und sofort servieren.

Kartoffelröllchen mit Sauerkraut

FÜR 4 PERSONEN:
800 g mehlig kochende Kartoffeln
Salzwasser
1 große Zwiebel
1–2 EL Butterschmalz
300 g Sauerkraut
1 TL Paprikapulver, edelsüß
2 EL Wasser
2 Äpfel
1 Bund gemischte, gehackte Kräuter
Salz
100 g Mehl
1 Ei
Mehl zum Ausrollen
1 EL Butterschmalz
100 g Crème fraîche
Butter für die Form

★ Die Kartoffeln waschen, im Salzwasser garen, abgießen, pellen und noch heiß durch die Kartoffelpresse treiben.

★ Die Zwiebel schälen und fein hacken, im erhitzten Butterschmalz glasig schwitzen, das zerpflückte Sauerkraut dazugeben und mitschwitzen. Das Paprikapulver darüber streuen, das Wasser angießen und das Sauerkraut bei mäßiger Hitze 20 Minuten garen.

★ Die Äpfel schälen, entkernen und fein reiben. Mit den Kräutern unter das Sauerkraut heben, salzen und abkühlen lassen.

★ Den Kartoffelschnee mit Salz, Mehl und dem Ei zu einem Teig verkneten. Sollte er kleben, löffelweise etwas Mehl unterarbeiten.

★ Den Teig in 4 Teile teilen. Auf einem mit Mehl bestäubten Küchentuch messerrückendick ausrollen, mit flüssigem Butterschmalz und glatt gerührter Crème fraîche bestreichen und mit dem gut abgetropften Sauerkraut belegen.

★ Mit Hilfe des Küchentuchs aufrollen, in 5 cm lange Stücke schneiden und diese aufrecht in eine ausgefettete, feuerfeste Form mit niedrigem Rand setzen.

★ Das restliche Butterschmalz und die Crème fraîche darauf träufeln und in den kalten Backofen schieben.

★ Bei 200 °C in ca. 45 Minuten goldbraun backen, herausnehmen, dekorativ anrichten, ausgarnieren und sofort servieren.

Bauernküchlein

Für 4 Personen:
1 Zwiebel
1–2 EL Butter oder Margarine
200 g Wirsing
125 g Sauerkraut
4 EL Weißwein
500 g Kartoffeln
2 Eier
100 g Weißbrot ohne Rinde
Salz
weißer Pfeffer aus der Mühle
Butterschmalz zum Braten

★ Die Zwiebel schälen, fein hacken und in der erhitzten Butter oder Margarine glasig schwitzen.

★ Den Wirsing putzen, in Streifen schneiden, zur Zwiebel geben und mitschwitzen.

★ Zum Schluss das Sauerkraut unterheben, kurz mitschwitzen und mit dem Weißwein ablöschen.

★ Das Ganze 20 Minuten garen, vom Herd nehmen und abkühlen lassen.

★ Die Kartoffeln schälen, waschen, trockentupfen, grob raspeln und unter die abgekühlte Masse rühren.

★ Die Eier und das geriebene Weißbrot dazugeben, das Ganze mit Salz und weißem Pfeffer würzen und aus der Masse Küchlein formen.

★ Das Butterschmalz in einer Pfanne erhitzen und die Küchlein darin goldgelb ausbacken.

★ Die Bauernküchlein anrichten, ausgarnieren und servieren.

Schinkenkraut mit Petersilienkartoffeln

Für 4 Personen:
2 EL Öl
2–3 Zwiebeln
375 g magerer, gekochter Schinken
1 kg Sauerkraut
1/4 l Gemüsebrühe
1 Lorbeerblatt
einige Wacholderbeeren
Salz
Pfeffer aus der Mühle
4 Portionen Petersilienkartoffeln

★ Das Öl in einem Topf erhitzen und die geschälten und fein gehackten Zwiebeln darin glasig schwitzen.

★ Den Schinken in Würfel oder Streifen schneiden, zu den Zwiebeln geben und mitschwitzen.

★ Das Sauerkraut je nach Säure abwaschen, zerpflücken und unter die Schinken-Zwiebel-Mischung heben.

★ Mit der Gemüsebrühe ablöschen, das Lorbeerblatt und die Wacholderbeeren dazugeben, mit Salz und Pfeffer würzen und das Sauerkraut 30 Minuten dünsten.

★ Das Schinkenkraut nochmals kräftig abschmecken, mit den Petersilienkartoffeln anrichten, ausgarnieren und servieren.

Kräuteromelett mit bunter Füllung

Für 4 Personen:
2 Zwiebeln
1–2 EL Butter oder Margarine
500 g frische Champignons
Saft von 1 Zitrone
3–4 Tomaten
Salz
weißer Pfeffer aus der Mühle
1 Prise Muskat
1 Hand voll gemischte, gehackte Kräuter
8 Eier
1 Tasse kohlensäurearmes Mineralwasser
Butter zum Ausbacken
250 g klein geschnittenes Sauerkraut

★ Die Zwiebeln schälen, fein hacken und in der erhitzten Butter oder Margarine glasig schwitzen.

★ Die Champignons putzen, in Scheiben schneiden, mit Zitronensaft beträufeln, zu den Zwiebeln geben und bei mäßiger Hitze bissfest garen.

★ Die Tomaten enthäuten, entkernen, in Würfel oder Streifen schneiden, zu den Champignons geben und erhitzen.

★ Das Gemüse mit Salz, Pfeffer und Muskat kräftig abschmecken und die gehackten Kräuter untermischen.

★ Die Eier mit dem Mineralwasser verquirlen und mit Salz, Pfeffer und Muskat würzen.

★ Die Butter in einer Pfanne erhitzen, ein Viertel des Sauerkrauts locker hineingeben, mit einem Viertel der Eimasse übergießen, von beiden Seiten braten, herausnehmen und warm stellen.

★ Die Omeletts mit der Gemüsemischung füllen, zusammenklappen, anrichten, ausgarnieren und sofort servieren.

Krautplätzchen

Für 4 Personen:
800 g fertig gegarte Pellkartoffeln
2 Zwiebeln
250 g fertig gegartes Sauerkraut
250 g gekochter, magerer Schinken
1 Becher saure Sahne
4 Eier
Salz
Pfeffer aus der Mühle
1 Prise Muskat
1 Bund Petersilie
2–3 EL Mehl
Pflanzenfett zum Ausbacken

★ Die Kartoffeln pellen, fein reiben und in eine Schüssel geben, die Zwiebeln schälen, in sehr feine Würfel schneiden und mit den Kartoffeln vermischen.

★ Das Sauerkraut gut abtropfen lassen und nach Bedarf klein schneiden, den Schinken würfeln, beides mit der sauren Sahne unter die Kartoffeln heben.

★ Die Eier einzeln einrühren, das Ganze mit Salz, Pfeffer und Muskat würzen und die verlesene, gewaschene und fein gehackte Petersilie unterheben.

★ Den Teig mit so viel Mehl binden, dass eine kompakte Masse entsteht.

★ Das Pflanzenfett in einer Pfanne erhitzen und den Teig darin portionsweise von beiden Seiten goldgelb ausbacken.

★ Die Krautplätzchen herausnehmen, dekorativ anrichten, ausgarnieren und sofort servieren.

Schlachtplatte

Für 4 Personen:
2–3 EL Schweineschmalz
2 Zwiebeln
800 g Sauerkraut
1 Glas Weißwein
3/8 l Gemüse- oder Fleischbrühe
2 Lorbeerblätter
einige Nelken
einige Pfefferkörner
einige Wacholderbeeren
einige Pimentkörner
2 EL Zucker
4 dicke Scheiben durchwachsener, geräucherter Speck
4 Scheiben Kasseler
4 Mettwürste
500 g fertig gegarte Pellkartoffeln

★ Das Schweineschmalz in einem Topf erhitzen und die geschälten und fein gehackten Zwiebeln anschwitzen.

★ Das Sauerkraut zerpflücken, zu den Zwiebeln geben und kurz andünsten.

★ Mit Weißwein ablöschen, mit der Gemüse- oder Fleischbrühe auffüllen und zum Kochen bringen.

★ Die Lorbeerblätter, die Nelken, die Pfefferkörner, die Wacholderbeeren, die Pimentkörner und den Zucker unter das Kraut rühren.

★ Die Speckscheiben, das Kasseler und die Mettwürste einlegen und das Ganze bei mäßiger Hitze 40–45 Minuten garen.

★ 10 Minuten vor Garende die gepellten, längs geviertelten Kartoffeln ins Kraut geben und erhitzen.

★ Nach Ende der Garzeit das Sauerkraut abschmecken, dekorativ anrichten, die Speckscheiben, die Kasselerscheiben und die Mettwürste obenauf legen, ausgarnieren und servieren.

Sauerkrautpfanne mit Rinderhackfleisch

Für 4 Personen:
3–4 EL Sojaöl
500 g Rinderhackfleisch
2 Zwiebeln
1 Stange Lauch
1 rote Paprikaschote
1 Knoblauchzehe
1 Stück Ingwerwurzel
1 kleine Dose Sauerkraut
2 Tassen Gemüsebrühe
4 EL Sojasauce
400 g fertig gegarte Salzkartoffeln
200 g Sojabohnenkeimlinge
Salz
Pfeffer aus der Mühle
1 Prise Cayennepfeffer
1 Tasse gemischte, gehackte Kräuter

★ Das Sojaöl in einem Topf erhitzen und das Rinderhackfleisch darin unter ständigem Rühren braten.

★ Die Zwiebeln, den Lauch und die Paprikaschote putzen, in Streifen oder Würfel schneiden, zum Fleisch geben und unter ständigem Rühren mitbraten.

★ Die Knoblauchzehe und den Ingwer fein hacken, mit dem Sauerkraut zum Fleisch geben und kurz mitbraten.

★ Die Gemüsebrühe und die Sojasauce zum Fleisch geben und bei mäßiger Hitze 20–25 Minuten garen.

★ Die in Würfel oder Scheiben geschnittenen Kartoffeln sowie die Sojabohnenkeimlinge dazugeben, weitere 5–8 Minuten köcheln lassen und anschließend mit Salz, Pfeffer und Cayennepfeffer abschmecken.

★ Die Sauerkrautpfanne anrichten, ausgarnieren, mit den gehackten Kräutern bestreuen und servieren.

Schupfnudeln mit Kraut

Für 4 Personen:
1 kg Kartoffeln
Salzwasser
1 Prise Kümmelpulver
250 g Weizenmehl Type 405
Salz
1 Prise Muskat
3–4 Eier
1 l Salzwasser oder Gemüsebrühe
3–4 EL Butterschmalz
150 g durchwachsener, geräucherter Speck
2 Zwiebeln
1 große Dose Sauerkraut
1 Schuss Weißwein
1 Tasse Gemüsebrühe
2 Lorbeerblätter
einige Wacholderbeeren
einige Pimentkörner
Salz
Pfeffer aus der Mühle

★ Die Kartoffeln abbürsten und im Salzwasser mit etwas Kümmelpulver 20 Minuten garen, abgießen, pellen und noch heiß durch die Kartoffelpresse treiben.

★ Das Mehl, das Salz, den Muskat und die Eier dazugeben und das Ganze mit bemehlten Händen zu einem kompakten Teig verkneten.

★ Den Teig auf einer bemehlten Arbeitsfläche zu dünnen Nudeln abrollen und diese im erhitzten Salzwasser oder der Gemüsebrühe garen.

★ Herausnehmen, gut abtropfen lassen, im erhitzten Butterschmalz rundherum goldbraun braten, herausnehmen und bereitstellen.

★ Den Speck in Würfel oder Streifen schneiden und im verbliebenen Bratfett auslassen. Die Zwiebeln schälen, fein hacken, zum Speck geben und kurz mitbraten.

★ Das Sauerkraut dazugeben, mit dem Weißwein ablöschen, die Gemüsebrühe angießen, die Lorbeerblätter, die Wacholderbeeren und die Pimentkörner dazugeben, mit Salz und Pfeffer würzen und das Sauerkraut 30–35 Minuten köcheln lassen.

★ Die Schupfnudeln mit dem Kraut vermischen, nochmals erhitzen, anschließend dekorativ anrichten, ausgarnieren und servieren.

Deftige Sauerkrautpfanne

Für 4 Personen:
4 Landjäger
2 EL Butterschmalz
1 große Dose Sauerkraut
Salz
Pfeffer aus der Mühle
1 TL Kümmel
1/8 l Fleisch- oder Gemüsebrühe
3–4 Tomaten
1–2 TL Tomatenmark
1 Becher Crème fraîche
1–2 TL Speisestärke
einige Tropfen Sojasauce
4 Portionen Salzkartoffeln

★ Die Landjäger in Scheiben oder Würfel schneiden. Das Butterschmalz in einer Pfanne erhitzen und die Landjäger darin anbraten.

★ Das Sauerkraut dazugeben, mit Salz, Pfeffer und Kümmel kräftig abschmecken und unter ständigem Rühren 5 Minuten mitbraten. Mit der Fleisch- oder Gemüsebrühe ablöschen und 20 Minuten garen.

★ Die Tomaten enthäuten, entkernen und in Würfel schneiden. Mit dem Tomatenmark unter das Sauerkraut heben.

★ 3–4 Minuten köcheln lassen, die Crème fraîche einrühren und nach Geschmack mit angerührter Speisestärke binden.

★ Die Sauerkrautpfanne nochmals abschmecken, mit Sojasauce verfeinern, dekorativ anrichten, ausgarnieren und mit Salzkartoffeln servieren.

Medaillons auf Mandarinenkraut

Für 4 Personen:
4 EL Butterschmalz
100 g durchwachsener, geräucherter Speck
2 Zwiebeln
1 große Dose Sauerkraut
Salz
Pfeffer aus der Mühle
1 EL Kümmel
4 Rindermedaillons
1 Prise Thymian
1 Prise Majoran
2–3 EL Butter oder Margarine
1 Schuss Weinbrand
1 Bund Frühlingszwiebeln
einige Pfefferkörner
1/4 l Bratensaft
1 kleine Dose Mandarinen

★ Das Butterschmalz in einer Pfanne erhitzen und den in Würfel geschnittenen Speck auslassen.

★ Die Zwiebeln schälen, fein hacken, mit dem Sauerkraut zum Speck geben und kurz braten. Mit Salz und Pfeffer sowie Kümmel nach Geschmack würzen und 20 Minuten garen.

★ Die Rindermedaillons waschen, gut abtropfen lassen, mit Thymian und Majoran kräftig würzen.

★ Die Butter oder Margarine in einer Pfanne erhitzen, die Medaillons darin je nach Geschmack medium oder durch braten und mit Weinbrand beträufeln. Leicht salzen, pfeffern und warm stellen.

★ Die Frühlingszwiebeln putzen, in feine Streifen schneiden, mit den Pfefferkörnern ins verbliebene Bratfett geben und glasig schwitzen.

★ Zum Sauerkraut geben, den Bratensaft angießen, die gut abgetropften Mandarinen unterheben, bei mäßiger Hitze 2–3 Minuten köcheln lassen und abschmecken.

★ Die Medaillons auf dem Mandarinenkraut dekorativ anrichten, ausgarnieren und sofort servieren.

Schweinefleisch mit Kartoffelkraut

Für 4 Personen:
500 g Schweinenacken
2–3 EL Sojasauce
2 EL Obstessig
Salz
Pfeffer aus der Mühle
3–4 EL Sesamöl
2 Zwiebeln
1 rote Paprikaschote
1 kleine Dose Sauerkraut
3/4 l Geflügelbrühe
1–2 EL Sojasauce
400 g gegarte Kartoffeln
1 EL Kümmelpulver
1 EL Korianderpulver
1 Prise Cayennepfeffer
1–2 EL Honig
1 Bund Schnittlauch

★ Das Schweinefleisch waschen, in feine Würfel oder Streifen schneiden, in eine Schüssel geben, mit Sojasauce und Obstessig beträufeln, mit Salz und Pfeffer würzen.

★ Das Sesamöl in einem Topf erhitzen, das Fleisch dazugeben und unter ständigem Rühren braten.

★ Die Zwiebeln schälen und in Würfel schneiden, die Paprikaschote putzen und in Streifen schneiden, das Sauerkraut nach Geschmack wässern und gut ausdrücken.

★ Das Gemüse zum Fleisch geben und unter ständigem Rühren braten. Die Geflügelbrühe angießen und zum Kochen bringen.

★ Die Sojasauce dazugeben und das Ganze bei mäßiger Hitze 35–40 Minuten garen. Kurz vor Garende die in Würfel geschnittenen Kartoffeln unterheben und erhitzen.

★ Mit Salz, Pfeffer, Kümmel, Koriander, Cayennepfeffer und Honig abschmecken, anrichten, ausgarnieren und mit frisch geschnittenem Schnittlauch bestreut servieren.

Sauerkrautrouladen

Für 4 Personen:

4 Putenschnitzel
Salz
Pfeffer aus der Mühle
2–3 EL mittelscharfer Senf
4 Scheiben magerer, gekochter Schinken
125–150 g gegartes Sauerkraut
Mehl zum Wenden
2–3 EL Butterschmalz
1 Schuss Weißwein
1/2 l gebundene Tomatensauce
1–2 EL Tomatenmark
1–2 EL Tomatenketschup
einige Tropfen Worcestersauce
4 Portionen Mandelbrokkoli

★ Die Putenschnitzel unter fließendem Wasser waschen, trockentupfen, auf eine Arbeitsfläche legen und dünn klopfen.

★ Die Putenschnitzel salzen, pfeffern, mit Senf bestreichen und mit je 1 Scheibe Schinken belegen.

★ Das Sauerkraut gut abtropfen lassen, auf dem Schinken verteilen und die Putenschnitzel aufrollen. Mit Küchenschnur binden oder mit Zahnstochern zusammenstecken und im Mehl wenden.

★ Das Butterschmalz in einem Bräter erhitzen, die Rouladen darin von allen Seiten Farbe nehmen lassen.

★ Mit Weißwein ablöschen und die Tomatensauce, das Tomatenmark und den Tomatenketschup einrühren.

★ Zugedeckt im auf 180–200 °C vorgeheizten Backofen 30–40 Minuten garen.

★ Nach Ende der Garzeit die Sauerkrautrouladen herausnehmen und die Sauce mit Salz, Pfeffer und Worcestersauce abschmecken.

★ Die Sauerkrautrouladen dekorativ anrichten, mit der Sauce überziehen, ausgarnieren und mit Mandelbrokkoli servieren.

Kasseler mit Kräuterkruste auf Ananaskraut

Für 4 Personen:
750 g Kasselerkotelett ohne Knochen
1 Bund Petersilie
2 EL Honig
2 EL grobkörniger Senf
1 Zwiebel
1 kleine Dose Ananasstücke
1 EL Butterschmalz
1 große Dose Sauerkraut
1 EL Wacholderbeeren
1 Tasse Gemüsebrühe
Salz
4 Portionen Kartoffelpüree

★ Das Kasselerkotelett in einen Bräter legen und im auf 200 °C vorgeheizten Backofen 20 Minuten braten.

★ Die Petersilie verlesen, waschen, trockentupfen und fein hacken. Mit dem Honig und dem Senf verrühren, den Braten damit bestreichen und weitere 25–35 Minuten braten.

★ Die Zwiebel schälen und in feine Würfel schneiden, die Ananasstücke gut abtropfen lassen und den Saft auffangen.

★ Das Butterschmalz in einem Topf erhitzen, die Zwiebelwürfel darin glasig schwitzen, das Sauerkraut, die Ananasstücke und die Wacholderbeeren dazugeben.

★ Den Ananassaft sowie die Gemüsebrühe angießen. Das Ganze 30 Minuten garen und nach Bedarf mit Salz würzen.

★ Das Kartoffelpüree in einen Spritzbeutel füllen und als Tuffs auf ein mit Backtrennpapier ausgelegtes Backblech spritzen. 15 Minuten ruhen lassen, im auf 220 °C vorgeheizten Backofen goldgelb backen und auf 4 Tellern anrichten.

★ Das Ananaskraut dazugeben, das Kasseler mit Kräuterkruste in Scheiben schneiden und darauf legen, ausgarnieren und sofort servieren.

Grillhähnchen auf Apfelkraut

Für 4 Personen:
1 küchenfertiges Hähnchen
Salz
Pfeffer aus der Mühle
1 große Zwiebel
1–2 EL Butter oder Margarine
1 große Dose Sauerkraut
1 Tasse Gemüsebrühe
1 Lorbeerblatt
einige Wacholderbeeren
2 Äpfel
1 Prise Zucker
2–3 EL Honig
1–2 EL Chilisauce
Petersiliensträußchen zum Garnieren
4 Portionen Kartoffelpüree

★ Das Hähnchen unter fließendem Wasser abwaschen, trockentupfen und mit Salz und Pfeffer würzen. Auf dem Drehspieß im Grill je nach Größe 45–60 Minuten grillen.

★ Die Zwiebel schälen, in Würfel schneiden und in der erhitzten Butter oder Margarine glasig schwitzen.

★ Das Sauerkraut zerpflücken, dazugeben, kurz mitschwitzen und die Gemüsebrühe angießen.

★ Das Lorbeerblatt und die Wacholderbeeren einlegen und das Sauerkraut zugedeckt 20–30 Minuten garen. Kurz vor Garende die geschälten, entkernten und grob geraspelten Äpfel unterheben.

★ Das Sauerkraut mit Salz, Pfeffer und Zucker kräftig abschmecken.

★ Das Hähnchen aus dem Grill nehmen, in Portionsstücke zerteilen und mit einer Mischung aus Honig und Chilisauce bestreichen.

★ Auf das Sauerkraut legen und kurz mitschmoren. Anschließend dekorativ anrichten, mit Petersiliensträußchen ausgarnieren und mit Kartoffelpüree servieren.

Pikantes Sauerkraut mit Wiener Würstchen

Für 4 Personen:
2 Zwiebeln
1 EL Butter oder Margarine
1 Dose Sauerkraut
1 Schuss Weißwein
1 Tasse Gemüsebrühe
Salz
Pfeffer aus der Mühle
1 Prise Zucker
1 TL Kümmel
4–5 EL ungesüßtes Apfelmus
4 Paar Wiener Würstchen
1 Tasse gemischte, gehackte Kräuter

★ Die Zwiebeln schälen und fein hacken.

★ Die Butter oder Margarine in einem Topf erhitzen und die Zwiebeln darin glasig schwitzen.

★ Das Sauerkraut zerpflücken, dazugeben und kurz mitschwitzen. Mit Weißwein ablöschen und die Gemüsebrühe angießen.

★ Mit Salz, Pfeffer, Zucker und Kümmel abschmecken und zugedeckt bei mittlerer Hitze 15–20 Minuten dünsten. Zum Schluss das Apfelmus unterziehen.

★ Die Wiener Würstchen erhitzen, das Sauerkraut anrichten, die Würstchen dazugeben, das Ganze mit den gehackten Kräutern bestreuen, ausgarnieren und servieren.

Gemüsekraut mit Filetstreifen

Für 4 Personen:
500 g Rinderfilet
Salz
Pfeffer aus der Mühle
3–4 EL Sojasauce
2 Knoblauchzehen
1 TL Salz
2 Zwiebeln
200 g Bleichsellerie, 2 Karotten
200 g mildes Weinsauerkraut
100 g frische Pilze
Saft von 1/2 Zitrone
2–3 EL Butterschmalz
1 Tasse Gemüsebrühe
1 Bund Petersilie

★ Das Rinderfilet unter fließendem Wasser waschen, trockentupfen, in Streifen schneiden und in eine Schüssel geben.

★ Mit Salz und Pfeffer würzen, mit der Sojasauce beträufeln und im Kühlschrank 2 Stunden ziehen lassen. Die Knoblauchzehen schälen und mit Salz zu einer Paste zerreiben, die Zwiebeln schälen und fein hacken.

★ Den Bleichsellerie putzen und in mundgerechte Stücke schneiden, die Karotten schälen und mit dem Buntmesser in Scheiben schneiden, das Sauerkraut je nach Säure wässern, gut ausdrücken und klein schneiden, die Pilze putzen, halbieren oder vierteln und mit Zitronensaft beträufeln.

★ Das Butterschmalz in einer Pfanne erhitzen und die Knoblauchpaste hineingeben.

★ Kurz anschwitzen, die Filetstreifen dazugeben, unter ständigem Rühren braten, herausnehmen und beiseite stellen.

★ Die gehackten Zwiebeln im verbliebenen Bratfett glasig schwitzen, den Bleichsellerie, die Karotten und das Sauerkraut dazugeben und kurz mitschwitzen.

★ Mit der Brühe ablöschen, salzen, pfeffern und 15 Minuten köcheln lassen. Die Pilze unterheben, 5 Minuten mitgaren und das Fleisch einrühren und erhitzen.

★ Das Gemüsekraut mit Filetstreifen anrichten, mit der verlesenen und gehackten Petersilie bestreuen, ausgarnieren und servieren.

Kalbsbrust mit Sauerkrautfüllung

Für 4 Personen:
1 1/2 kg Kalbsbrust mit Knochen
1/2 l Wasser
1 Bund Suppengemüse
1 Zwiebel
1 EL Butterschmalz
1 große Dose Sauerkraut
1–2 altbackene, eingeweichte Brötchen
Salz
Pfeffer aus der Mühle
3–4 EL Butterschmalz
1 Zwiebel
1 Karotte
1 Schuss Weißwein

★ Die Knochen aus der Kalbsbrust auslösen und mit dem Wasser und dem geputzten, klein geschnittenen Suppengemüse zum Kochen bringen.

★ Bei schwacher Hitze köcheln lassen, durchsieben, erkalten lassen und das Fett abnehmen.

★ Die Zwiebel hacken und im Schmalz anschwitzen. Das Kraut dazugeben, etwas Knochenbrühe angießen und das Kraut 20 Minuten garen. Das Kraut abgießen, die eingeweichten, gut ausgedrückten Brötchen unterheben, salzen und pfeffern.

★ In die Kalbsbrust eine Tasche einschneiden, mit Salz und Pfeffer einreiben, mit der Sauerkrautmasse füllen und zunähen.

★ Das Schmalz erhitzen, die Kalbsbrust Farbe nehmen lassen, die Hälfte der Brühe angießen und den Bräter verschließen.

★ Den Bräter in den kalten Backofen schieben, auf 200 °C einschalten und die Kalbsbrust 1 1/2 Stunden schmoren lassen.

★ Die Zwiebel und die Karotte schälen, in Würfel schneiden, nach Ende der Garzeit zur Kalbsbrust geben und den Weißwein angießen. 1 weitere Stunde garen und dabei immer wieder mit etwas Knochenbrühe übergießen.

★ Nach Ende der Garzeit die Kalbsbrust herausnehmen und warm stellen. Die Sauce einreduzieren lassen, abschmecken und durch ein Sieb gießen.

★ Die Kalbsbrust anrichten, mit der Sauce überziehen, ausgarnieren und servieren.

Sauerkraut-Quiche

Für 4 Personen:
250 g Weizenvollkornmehl
1 TL Backpulver
1 Prise Salz
1 Ei
100 g Butterschmalz
Butter für die Form
250 g Zwiebeln
1–2 EL Butter oder Margarine
250 g Sauerkraut
250 g magerer, gekochter Schinken
Salz
Pfeffer aus der Mühle
1 Prise Muskat
2 Becher Sahnedickmilch
3 Eier
1–2 TL Speisestärke
1 Tasse gemischte, gehackte Kräuter

★ Das Weizenvollkornmehl mit dem Backpulver und dem Salz vermischen, auf eine Arbeitsfläche geben und eine Mulde eindrücken.

★ Das Ei in die Mulde geben, das Butterschmalz in Flöckchen darauf setzen und das Ganze zu einem glatten Mürbteig verkneten.

★ Den Teig in Frischhaltefolie wickeln und im Kühlschrank 1 Stunde ruhen lassen.

★ Den Teig herausnehmen, nochmals kurz durchkneten und eine gefettete, feuerfeste Form damit auslegen, dabei einen Rand hochziehen.

★ Für den Belag die Zwiebeln schälen, fein hacken und in der erhitzten Butter oder Margarine glasig schwitzen.

★ Das zerpflückte Sauerkraut dazugeben und kurz mitschwitzen. Den Schinken in Würfel schneiden und unterheben, mit Salz, Pfeffer und Muskat kräftig würzen, erkalten lassen und auf dem Mürbteig verteilen.

★ Die Sahnedickmilch mit den Eiern und der angerührten Speisestärke verquirlen, die gehackten Kräuter unterheben, mit Salz, Pfeffer und Muskat abschmecken und die Masse über die Sauerkrautmischung gießen.

★ Die Sauerkraut-Quiche in dem auf 200 °C vorgeheizten Backofen 35–45 Minuten backen, herausnehmen, anrichten, ausgarnieren und heiß oder kalt servieren.

Vollkorn-Sauerkraut-Torte

Für 4 Personen:
250 g Vollkornweizenmehl
1 TL Backpulver
1/2 TL Salz
100 g Butterschmalz
1 Ei
Butterschmalz zum Ausfetten
500 g Sauerkraut
2 Eier
200 g Crème fraîche
Salz, Pfeffer aus der Mühle
1 Prise Muskat
50 g Semmelbrösel
2 Eier
125 g geriebener Parmesankäse

★ Das Mehl und das Backpulver auf eine Arbeitsfläche geben und eine Mulde eindrücken.

★ Mit Salz bestreuen, die Schmalzflöckchen darauf setzen, das Ei in die Mulde geben, mit bemehlten Händen zu einem Teig verkneten, in ein Küchentuch wickeln und 1 Stunde ruhen lassen.

★ Das Sauerkraut waschen, mit den Eiern und der Crème fraîche verrühren, mit Salz, Pfeffer und Muskat kräftig abschmecken.

★ Die Semmelbrösel in einer trockenen Pfanne goldgelb rösten und abkühlen lassen.

★ Den Teig ausrollen, eine ausgefettete Springform damit auslegen und einen 3 cm hohen Rand formen. Die Sauerkrautmasse einfüllen, glatt streichen und in dem auf 180–200 °C vorgeheizten Backofen 40–50 Minuten backen.

★ 10 Minuten vor Garende die restlichen Eier verquirlen und die Oberfläche der Torte damit bestreichen, mit den Semmelbröseln und dem geriebenen Käse bestreuen, fertig backen.

★ Die Vollkorn-Sauerkraut-Torte herausnehmen und warm oder kalt servieren.

Krautstrudel mit Frischkäse

Für 4 Personen:
250 g Weizenvollkornmehl
1 Prise Salz
4 EL kaltgepresstes Olivenöl
1 Tasse lauwarmes Wasser
2 Zwiebeln
1–2 EL Butter oder Margarine
1 große Dose Sauerkraut
1 Tasse Gemüsebrühe
Salz
Pfeffer aus der Mühle
1 Prise Kümmelpulver
200 g Doppelrahmfrischkäse
4 Eigelb
Instant-Haferflocken zum Binden
2–3 EL flüssige Butter
2–3 EL Sonnenblumenkerne

★ Das Mehl mit dem Salz, dem Olivenöl und dem Wasser zu einem glatten Strudelteig verkneten, in eine vorgewärmte Schüssel geben und 60 Minuten ruhen lassen.

★ Die Zwiebeln schälen, fein hacken und in der erhitzten Butter oder Margarine glasig schwitzen.

★ Das Sauerkraut zerpflücken, dazugeben, die Brühe angießen, mit Salz, Pfeffer und Kümmelpulver würzen und das Sauerkraut 20 Minuten köcheln lassen.

★ Das Sauerkraut vom Herd nehmen und erkalten lassen. Noch vorhandene Flüssigkeit abgießen, das Sauerkraut abtropfen lassen und in eine Schüssel geben.

★ Den Frischkäse zerbröckeln, mit den Eigelben zum Sauerkraut geben und verrühren. Nach Geschmack mit Instant-Haferflocken binden und nochmals abschmecken.

★ Den Strudelteig auf einer bemehlten Arbeitsfläche ausrollen, die Sauerkrautmasse darauf verteilen und den Strudel aufrollen.

★ Den Krautstrudel auf ein mit Backtrennpapier ausgelegtes Backblech setzen, mit der flüssigen Butter bestreichen und die Sonnenblumenkerne darauf streuen. Im auf 180–200 °C vorgeheizten Backofen 40–50 Minuten backen, herausnehmen, anrichten, ausgarnieren und servieren.

Krautfladen

Für 4 Personen:
250 g Weizenmehl
1/4 TL Salz
1 Prise Kümmelpulver
1/2 Päckchen Trockenhefe
1/8 l lauwarme Milch
2 EL flüssige Butter oder Margarine
250 g Sauerkraut
1/2 Tasse Gemüsebrühe
Salz
Pfeffer aus der Mühle
1 Prise Zucker
2–3 EL Milch zum Bestreichen
Kümmel, Anis, Fenchel oder Koriander zum Bestreuen

★ Das Weizenmehl in eine Schüssel sieben, mit dem Salz, dem Kümmelpulver und der Trockenhefe vermischen, die lauwarme Milch und die flüssige Butter oder Margarine dazugeben und das Ganze zu einem Teig verarbeiten.

★ Den Teig schlagen, bis er Blasen wirft und zugedeckt an einem warmen Ort zur doppelten Menge aufgehen lassen, kurz durchkneten und erneut gehen lassen.

★ In der Zwischenzeit das Sauerkraut mit der Brühe in einen Topf geben und zum Kochen bringen. Mit Salz, Pfeffer und Zucker abschmecken und 20–25 Minuten garen. Erneut abschmecken und erkalten lassen.

★ Den Hefeteig auf einer bemehlten Arbeitsfläche ausrollen, runde Taler von 10 cm Durchmesser ausstechen und jeweils 2–3 EL Sauerkraut in die Mitte füllen.

★ Den Teig über dem Sauerkraut zusammendrücken und die Fladen mit der „Naht“ nach unten auf ein mit Backtrennpapier ausgelegtes Backblech setzen.

★ Die Krautfladen mit Milch bestreichen, mit Kümmel, Anis, Fenchel oder Koriander bestreuen und im auf 180–200 °C vorgeheizten Backofen 30–35 Minuten backen. Aus dem Ofen nehmen und warm oder kalt servieren.

Krauttorte

Für 4 Personen:

100 g Speisequark
1 Ei
2 EL Pflanzenöl
150 g Weizenmehl
1 TL Backpulver
1/4 TL Salz
2 Zwiebeln
1–2 EL Butter oder Margarine
1 Dose Sauerkraut
1 Tasse Gemüsebrühe
1 Kartoffel
Salz
Pfeffer aus der Mühle
1 Prise Kümmelpulver
Butter oder Margarine für die Form
2 Äpfel
Saft von 1/2 Zitrone
1 Becher Crème fraîche
3 Eier
1 Bund Petersilie

★ Den Quark in eine Schüssel geben und mit dem Ei und dem Pflanzenöl glatt rühren. Das Mehl mit dem Backpulver und dem Salz vermischen, über den Quark sieben und zu einem glatten Teig verkneten. In Frischhaltefolie wickeln und im Kühlschrank 30 Minuten ruhen lassen.

★ Die Zwiebeln schälen, fein hacken und in der erhitzten Butter oder Margarine glasig schwitzen. Das Sauerkraut dazugeben, die Gemüsebrühe angießen und das Sauerkraut 20 Minuten dünsten.

★ Kurz vor Garende die Kartoffel schälen, sehr fein reiben und das Kraut damit binden. 5 Minuten kochen lassen, mit Salz, Pfeffer und Kümmel würzen, vom Herd nehmen und erkalten lassen. Noch vorhandene Flüssigkeit abgießen.

★ Den Teig auf einer bemehlten Arbeitsfläche ausrollen, eine ausgefettete, feuerfeste Form damit auslegen und einen Rand hochziehen.

★ Das Sauerkraut auf dem Teig verteilen. Die Äpfel schälen, entkernen, in Spalten schneiden, sofort mit Zitronensaft beträufeln und auf das Sauerkraut legen.

★ Die Crème fraîche mit den Eiern verquirlen, mit Salz, Pfeffer und Kümmelpulver würzen und die verlesene, gewaschene und fein gehackte Petersilie unterheben. Über das Sauerkraut gießen und nach Geschmack einige Butterflöckchen darauf setzen.

★ Die Krauttorte im auf 200 °C vorgeheizten Backofen 45 Minuten backen, herausnehmen, anrichten, ausgarnieren und sofort servieren.

Gefülltes Brot

Für 4 Personen:
225 g Weizenmehl Type 405
150 g Weizenvollkornmehl
1 Päckchen Trockenhefe
1/2 TL Zucker
1 TL Salz
1/4 l lauwarme Milch
125 g durchwachsener, geräucherter Speck
1 große Zwiebel
200–250 g Sauerkraut
1/2 Tasse Gemüsebrühe
Salz
Pfeffer aus der Mühle
1 Prise Kümmelpulver
Mehl zum Ausrollen
2–3 EL Wasser
1–2 EL Fenchelsamen

★ Das Mehl mit der Trockenhefe, dem Zucker, dem Salz und der lauwarmen Milch in eine Schüssel geben und zu einem glatten Teig verarbeiten.

★ Den Teig so lange schlagen, bis er Blasen wirft, zudecken und an einem warmen Ort 30 Minuten gehen lassen. Den Teig kurz durcharbeiten und erneut 30 Minuten gehen lassen.

★ Den Speck in feine Würfel schneiden und in einer trockenen Pfanne auslassen. Die geschälte, fein gehackte Zwiebel dazugeben und glasig schwitzen.

★ Das Sauerkraut zerpflücken, zum Speck geben, die Gemüsebrühe angießen und das Kraut 15–20 Minuten dünsten.

★ Mit Salz, Pfeffer und Kümmelpulver abschmecken und erkalten lassen. In ein Sieb geben und abtropfen lassen.

★ Portionsweise den Hefeteig kurz durchkneten, auf einer bemehlten Arbeitsfläche ausrollen und die Sauerkrautmischung darauf verteilen. Die Brote mit der „Naht“ nach unten auf ein mit Backtrennpapier ausgelegtes Backblech setzen, mit Wasser bestreichen und mit Fenchelsamen bestreuen.

★ Den Backofen auf 180–200 °C vorheizen und die Brote darin 30–40 Minuten backen, dabei eine Schüssel mit heißem Wasser ins Backrohr stellen.

★ Die gefüllten Brote herausnehmen, vollständig erkalten lassen und servieren.

Bunter Krautkuchen

Für 4 Personen:

400 g Weizenmehl
1 Würfel Frischhefe
1 EL Zucker
1 Tasse lauwarmes Wasser
4–5 EL Olivenöl
Salz
Pfeffer aus der Mühle
2 Frühlingszwiebeln
2 rote Paprikaschoten
400 g Zuckermais (TK-Produkt)
200 g Sauerkraut
1 Becher Sahnedickmilch
2 Eier
1 Prise Muskat
1 Prise Cayennepfeffer
1 Tasse gemischte, gehackte Kräuter
Butter oder Margarine für das Blech

★ Das Weizenmehl in eine Schüssel sieben und die Hefe hineinbröckeln. Mit dem Zucker bestreuen und glatt rühren.

★ Das Wasser sowie das Olivenöl dazugeben, mit Salz und Pfeffer würzen und das Ganze zu einem glatten, kompakten Teig verarbeiten. Schlagen, bis er Blasen wirft, und zugedeckt an einem warmen Ort 30 Minuten gehen lassen. Kurz durchkneten und erneut gehen lassen.

★ Die Frühlingszwiebeln putzen und in Ringe schneiden, die Paprikaschoten halbieren, entkernen, waschen, gut abtropfen lassen und in Streifen schneiden, den Zuckermais auftauen lassen und das Sauerkraut zerpflücken oder klein schneiden. Das Gemüse in einer Schüssel gut vermischen.

★ Die Sahnedickmilch mit den Eiern verschlagen, mit Salz, Pfeffer, Muskat und Cayennepfeffer würzen und die gehackten Kräuter unterziehen.

★ Den Hefeteig auf einer bemehlten Arbeitsfläche ausrollen, ein ausgefettetes Backblech damit auslegen und die Gemüsemischung darauf verteilen.

★ Die Eiermischung darüber gießen und den Krautkuchen in dem auf 180–200 °C vorgeheizten Backofen 30–40 Minuten backen.

★ Den bunten Krautkuchen herausnehmen, aufschneiden, anrichten, ausgarnieren und servieren.

Sauerkrauttaschen

Für 4 Personen:
300 g Weizenmehl
Salz
1 Prise Muskat
2 Eier
2 EL Wasser
1–2 EL Butterschmalz
1 Zwiebel
500 g fertig gegartes Sauerkraut
Pfeffer aus der Mühle
1 TL Kümmel
1/4 l Gemüsebrühe
300 g Schweineschinken

★ Das Mehl auf eine Arbeitsfläche sieben, eine Mulde eindrücken, mit Salz und Muskat bestreuen.

★ Die Eier und das lauwarme Wasser in die Mulde geben und das Ganze mit bemehlten Händen von außen nach innen zu einem glatten Nudelteig verarbeiten.

★ Den Nudelteig 30 Minuten ruhen lassen, anschließend auf einer bemehlten Arbeitsfläche dünn ausrollen und Quadrate von 12 x 12 cm ausradeln.

★ Das Schmalz in einem Topf erhitzen, die gehackte Zwiebel darin glasig schwitzen und das Sauerkraut untermischen.

★ Das Sauerkraut durchrühren, mit Salz, Pfeffer, Kümmel und Muskat abschmecken, vom Feuer nehmen und erkalten lassen.

★ Das Sauerkraut jeweils auf eine Seite der Teigquadrate geben, die Teigränder mit Wasser einstreichen, die andere Teighälfte darüber schlagen und andrücken.

★ Das Schmalz in einem Bräter erhitzen, die Sauerkrauttaschen einlegen und beidseitig anbraten.

★ Etwas Brühe angießen und im auf 180–200 °C vorgeheizten Backofen in 20–25 Minuten garen. Die Sauerkrauttaschen anrichten, den Schinken dazugeben, ausgarnieren und servieren.

Zwiebel-Sauerkraut-Kuchen mit Speck

Für 4 Personen:
350 g Weizenmehl
1 Päckchen Trockenhefe
1 TL Zucker
1–2 TL Salz
1/8 l lauwarme Milch
1–2 EL flüssige Butter
100 g durchwachsener, geräucherter Speck
1–2 EL Butter oder Margarine
4 Zwiebeln
300 g Sauerkraut
Salz
Pfeffer aus der Mühle
1 Prise Kümmelpulver
1 Prise Muskat
300 g saure Sahne
1 Ei

★ Das Weizenmehl in eine Schüssel sieben, die Trockenhefe, den Zucker und das Salz sowie die lauwarme Milch und die flüssige Butter dazugeben und das Ganze zu einem glatten Teig verarbeiten.

★ Den Teig schlagen, bis er Blasen wirft, zugedeckt an einem warmen Ort 30 Minuten gehen lassen, kurz durchkneten und erneut 30 Minuten gehen lassen. Den Speck in Würfel schneiden und in der erhitzten Butter oder Margarine auslassen.

★ Die fein gehackten Zwiebeln dazugeben und glasig schwitzen, zum Schluss das zerpflückte Sauerkraut unterheben.

★ Die Mischung mit Salz, Pfeffer, Kümmelpulver und Muskat kräftig würzen. Vom Herd nehmen und erkalten lassen.

★ Die saure Sahne und das Ei verschlagen, mit Salz, Pfeffer und Muskat würzen.

★ Den Hefeteig auf einem ausgefetteten Backblech ausrollen, dabei einen Rand hochziehen. Die Sauerkrautmischung darauf verteilen, glatt streichen und mit der Ei-Sahne überziehen.

★ Im auf 180–200 °C vorgeheizten Backofen 40–45 Minuten backen, herausnehmen, anrichten, ausgarnieren und sofort servieren.

Gesundes aus der Sauerkrautküche

Krautkrapfen mit Rahmwirsing

Für 4 Personen:
1/4 l Wasser
100 g Butter
1 Prise Salz
1 Prise Muskat
150 g Mehl
4 Eier
1 Dose Sauerkraut
Salz
Pfeffer aus der Mühle
1 Msp. Majoran
Fett zum Ausbacken
1/2 Kopf Wirsing
Salzwasser zum Blanchieren
100 g Butter
2 EL Mehl
1 Becher Sahne
Kürbiswürfel und Rote-Bete-Saft zum Garnieren

★ Das Wasser mit der klein geschnittenen Butter, dem Salz und etwas Muskat in einen Topf geben und zum Kochen bringen.

★ Das Mehl auf einmal dazugeben und so lange rühren, bis sich der Teig vom Topfboden löst.

★ Den Teig in eine Rührschüssel geben, die Eier nach und nach kräftig darunter rühren.

★ Das Sauerkraut zerpflücken, nach Bedarf klein schneiden und mit Salz, Pfeffer und Majoran würzen. Mit dem Brandteig vermischen und mit einem Löffel kleine Krapfen abstechen.

★ Das Fett in einem Topf erhitzen und die Sauerkrautkrapfen darin goldgelb ausbacken. Herausnehmen und auf Küchenpapier abtropfen lassen.

★ Den Wirsing putzen, die Blätter in Salzwasser blanchieren, herausnehmen und klein schneiden.

★ Die Butter in einem Topf erhitzen, das Mehl einrühren und leicht anschwitzen, mit der Sahne ablöschen und einmal aufkochen lassen.

★ Mit Salz, Pfeffer und Muskat kräftig abschmecken und den Wirsing hineingeben.

★ Den Rahmwirsing auf 4 Tellern anrichten, die Krautkrapfen in die Mitte setzen, nach Geschmack mit Kürbiswürfeln und Rote-Bete-Saft ausgarnieren und sofort servieren.

Hirseauflauf mit Sauerkraut

Für 4 Personen:
2 Zwiebeln
1 Stange Lauch
250 g Hirse
1/2 l Gemüsebrühe
400 g Sauerkraut
2 EL Butter oder Margarine
Salz
Pfeffer aus der Mühle
1 EL gemischte Kräuter
1 EL Paprikapulver
1 Prise Curry
2 EL Butter oder Margarine
250 g saure Sahne
2 Eier
200 g geriebener Butterkäse

★ Das Fett erhitzen und die geschälten und fein gehackten Zwiebeln darin glasig schwitzen. Den Lauch putzen, in feine Ringe schneiden, zu den Zwiebeln geben und kurz mitschwitzen.

★ Die Hirse unter fließendem Wasser waschen, gut abtropfen lassen, zum Gemüse geben und kurz mitgaren. Die Gemüsebrühe angießen, zum Kochen bringen und die Hirse unter ständigem Rühren ausquellen lassen.

★ In der Zwischenzeit das Sauerkraut zerpflücken, waschen, gut abtropfen lassen und unter die Hirse mischen.

★ Mit Salz, Pfeffer, den gemischten Kräutern, Paprikapulver und Curry kräftig würzen und kurz schmoren. Zum Schluss in eine mit Butter oder Margarine gefettete Auflaufform geben.

★ Die saure Sahne mit den Eiern und dem geriebenen Butterkäse verschlagen, gleichmäßig auf dem Hirsegemüse verteilen und im auf 180–200 °C vorgeheizten Backofen 20–25 Minuten backen.

★ Den Hirseauflauf mit Sauerkraut herausnehmen, dekorativ anrichten, ausgarnieren und sofort servieren.

Krautauflauf für Feinschmecker

Für 4 Personen:
800 g Sauerkraut
3/4 l Gemüsebrühe
250 g durchwachsener, geräucherter Speck
1/4 l Sahne
1 Ei
Salz
weißer Pfeffer aus der Mühle
Butter für die Form
125 g Lyoner
1 Dose Gemüsemix
3 EL Butter
3 EL Mehl
1/8 l Milch
3 Eier
75 g fein geriebener Gouda
Kräuterzweige zum Garnieren

★ Das Sauerkraut in der Brühe in 15–20 Minuten bissfest garen.

★ Den Speck in feine Würfel schneiden und in einer trockenen Pfanne auslassen.

★ Die Sahne mit dem Ei glatt rühren und mit Salz und Pfeffer würzen.

★ Eine Form ausfetten und die Hälfte der Eiermasse einfüllen.

★ Das Sauerkraut, den Speck und die Lyoner sowie das gut abgetropfte Gemüsemix einlegen und die restliche Eiermasse einfüllen.

★ Die Butter erhitzen, das Mehl einrühren und die Milch angießen.

★ Rühren, bis eine sämige Sauce entstanden ist. Die Eier trennen.

★ Den Käse mit den Eigelben verrühren, die Eiweiße zu Schnee schlagen und unterheben, mit Salz und Pfeffer würzen, über das Sauerkraut gießen und im auf 200 °C vorgeheizten Backofen 40 Minuten backen.

★ Herausnehmen, anrichten, mit Kräuterzweigen ausgarnieren und sofort servieren.

Sauerkraut mit Feigen und Bananen

Für 4 Personen:
800 g Sauerkraut
1/8 l Wasser
100 g getrocknete, ungeschwefelte Bananenscheiben
100 g getrocknete Feigen
Salz
Pfeffer aus der Mühle
1 Prise Chilipulver
1 Becher Crème fraîche
1 Mango
1/8 l Sahne
1 Prise Curry
1 Prise Zucker

★ Das Sauerkraut mit dem Wasser, den Bananenscheiben und den klein geschnittenen Feigen in einen Topf geben und 20 Minuten garen.

★ Mit Salz, Pfeffer und Chilipulver kräftig abschmecken und mit der Crème fraîche verfeinern.

★ Die Mango schälen, halbieren, den Kern herauslösen und das Fruchtfleisch in Würfel schneiden.

★ Die Mangowürfel mit der Sahne in einem Topf erhitzen, einmal aufkochen lassen und anschließend im Mixer oder mit dem Pürierstab pürieren. Erneut erhitzen, mit Salz, Pfeffer, Curry und Zucker kräftig abschmecken und auf 4 Teller verteilen.

★ Das Sauerkraut in die Mitte setzen, ausgarnieren und servieren.

Safran-Schellfisch auf Fenchelkraut

Für 4 Personen:
4 Schellfischfilets
Saft von 1 Zitrone
einige Tropfen Worchestersauce
Salz, Pfeffer aus der Mühle
1–2 EL Butter oder Margarine
1 Zwiebel
1/4 l Weißwein
1/4 l Gemüsebrühe
1 Gewürzsäckchen (Lorbeer, Nelken, Wacholder)
1 Msp. Safranfäden
Helle Sauce zum Binden
1 Becher Sahne
2 EL Olivenöl
1 Zwiebel
400 g bissfest gekochtes Sauerkraut
1/8 l Weißwein
400 g Fenchel
1 Prise Korianderpulver
1 Prise Zucker
einige Fenchelzweige

★ Die küchenfertigen Schellfischfilets unter fließendem Wasser waschen, trockentupfen, mit Zitronensaft und Worchestersauce beträufeln, mit Salz und Pfeffer würzen, im Kühlschrank 10 Minuten ziehen lassen.

★ Die Butter oder Margarine in einem Topf erhitzen und die geschälte, fein gehackte Zwiebel darin glasig schwitzen.

★ Mit Weißwein und Gemüsebrühe auffüllen, das Gewürzsäckchen in die Brühe geben und einmal aufkochen lassen.

★ Die Schellfischfilets in den Sud geben und gar ziehen. Herausnehmen und warm stellen.

★ Das Gewürzsäckchen entfernen, die Safranfäden in die Sauce reiben, kurz aufkochen lassen und mit hellem Saucenbinder binden.

★ Die Safransauce mit Sahne verfeinern und die Schellfischfilets in die Sauce legen.

★ Für das Fenchelkraut das Olivenöl in einem Topf erhitzen und die geschälte, fein gehackte Zwiebel darin glasig schwitzen.

★ Das Sauerkraut zur Zwiebel geben und kurz mitschwitzen. Mit Weißwein auffüllen und 2–3 Minuten köcheln lassen.

★ Den Fenchel putzen, in dünne Streifen schneiden und unter das Sauerkraut heben. Bei mäßiger Hitze 4–5 Minuten köcheln lassen.

★ Das Fenchelkraut mit Salz, Pfeffer, Korianderpulver und Zucker kräftig abschmecken, mit den Schellfischfilets und der Safransauce anrichten, mit Fenchelzweigen ausgarnieren und mit Salzkartoffeln servieren.

Dinkelauflauf mit Sauerkraut

Für 4 Personen:
2–3 EL Olivenöl
1 Zwiebel
200 g Dinkel
1/8 l Weißwein
3/8 l Gemüsebrühe
Salz, Pfeffer aus der Mühle
1 Prise Muskat
1 Prise Cayennepfeffer
400 g Sauerkraut
1 Becher saure Sahne
400 g gekochte Kartoffeln
Kräuterzweige zum Garnieren

★ Das Olivenöl in einem Topf erhitzen und die geschälte, fein gehackte Zwiebel darin glasig schwitzen.

★ Den Dinkel dazugeben, kurz rösten, mit dem Weißwein und der Gemüsebrühe auffüllen und zum Kochen bringen.

★ Das Ganze mit Salz, Pfeffer, Muskat und Cayennepfeffer kräftig abschmecken und bei mäßiger Hitze 10 Minuten köcheln lassen.

★ Das Sauerkraut untermischen und weitere 10 Minuten garen.

★ Die saure Sahne mit den geschälten, in Scheiben geschnittenen Kartoffeln unter die Sauerkraut-Dinkel-Mischung ziehen und in eine ausgefettete Auflaufform geben.

★ Das Ganze im auf 180–200 °C vorgeheizten Backofen 20–30 Minuten garen.

★ Den Dinkelauflauf mit Sauerkraut herausnehmen, dekorativ anrichten, mit Kräuterzweigen ausgarnieren und mit einem Sprossensalat servieren.

Sauerkrautauflauf mit Quarkhaube

Für 4 Personen:
800 g Kartoffeln
Salzwasser
1–2 EL Kümmel
1–2 EL Butter
1 Zwiebel
500 g Sauerkraut
1 Schuss Weißwein
1 Tasse Gemüse- oder Fleischbrühe
Salz, Pfeffer
1 Prise Muskat
Fett für die Form
250 g Speisequark
1 Becher Sahne
2 Eier
125 g geriebener Käse
1 Hand voll Kräuter
Sesam o.a.

★ Die Kartoffeln mit dem Salzwasser und dem Kümmel aufsetzen, 25 Minuten garen, abgießen, erkalten lassen, pellen und in Scheiben schneiden.

★ Die Butter erhitzen und die geschälte und gehackte Zwiebel darin glasig schwitzen.

★ Das Sauerkraut dazugeben und kurz mitschwitzen, mit Weißwein ablöschen und mit der Gemüse- oder Fleischbrühe auffüllen.

★ Das Gemüse bissfest garen, mit Salz, Pfeffer und Muskat abschmecken.

★ Mit den Kartoffeln vermischen und in eine gefettete Auflaufform schichten.

★ Den Quark mit der Sahne und den Eiern verschlagen, den geriebenen Käse untermischen, mit Salz, Pfeffer und Muskat abschmecken und gleichmäßig auf dem Auflauf verteilen.

★ Den Auflauf in dem auf 180–200 °C vorgeheizten Backofen 20–25 Minuten backen, anrichten, mit frisch gehackten Kräutern bestreuen, ausgarnieren und servieren.

Wirsingwickerl mit Sauerkrautfüllung

Für 4 Personen:
8–12 große Wirsingblätter
Gemüsebrühe zum Blanchieren
2–3 EL Olivenöl
1 Zwiebel
1 EL Sesamsamen
100 g gekochter Schinken
400 g Sauerkraut
Salz, Pfeffer aus der Mühle
1 Prise Muskat
1 Prise Cayennepfeffer
1/2 l gebundene Tomatensauce
einige Zweige Rosmarin
4 Tomaten

★ Die Wirsingblätter verlesen, waschen, gut abtropfen lassen, in der Gemüsebrühe blanchieren, herausnehmen und je 2–3 Blätter übereinander auf eine Arbeitsfläche legen.

★ Für die Füllung das Olivenöl in einem Topf erhitzen und die geschälte, fein gehackte Zwiebel darin glasig schwitzen.

★ Die Sesamsamen dazugeben und kurz mitschwitzen.

★ Den Schinken in feine Würfel schneiden, zur Zwiebel geben und glasig schwitzen.

★ Das Sauerkraut zerpflücken, je nach Bedarf grob hacken, zu den Schinken-Zwiebeln geben und ebenfalls kurz mitschwitzen. Mit Salz, Pfeffer, Muskat und Cayennepfeffer abschmecken.

★ Die Wirsingbrühe angießen und das Sauerkraut 10 Minuten garen.

★ Das Sauerkraut gut abtropfen lassen und gleichmäßig auf die Wirsingblätter verteilen.

★ Die Wirsingblätter zu Rouladen aufdrehen und mit Hilfe eines sauberen Küchentuches abdrehen.

★ Die Wirsingwickerl in eine ausgefettete Auflaufform setzen und mit der Tomatensauce übergießen. Im auf 180–200 °C vorgeheizten Backofen 25–30 Minuten garen.

★ Kurz vor Garende den verlesenen, klein geschnittenen Rosmarin und die enthäuteten, entkernten und in Würfel geschnittenen Tomaten in die Sauce geben.

★ Die Wirsingwickerl dekorativ anrichten, mit der Sauce überziehen, ausgarnieren und mit gebackenen Polentaschnitten servieren.

Rahmsauerkraut mit Plätzchen

Für 4 Personen:
2 EL Butterschmalz
2 Zwiebeln
800 g Sauerkraut
1/4 l Weißwein
Salz, Pfeffer aus der Mühle
1 Prise Korianderpulver
1 Gewürzsäckchen (Lorbeer, Nelken, Pfefferkörner)
200 g Dinkel
1/2 l Gemüsebrühe
1 Prise Muskat
1 EL Curry
2 Frühlingszwiebeln
100 g Quark, 4 Eigelb
2–3 EL Grieß
3 Eiweiß
Butter oder Margarine zum Ausbacken
1 Becher Sahne

★ Das Butterschmalz erhitzen und die geschälten, fein gehackten Zwiebeln darin glasig schwitzen. Das Sauerkraut zerpflücken, zu den Zwiebeln geben und mitschwitzen.

★ Mit Wein auffüllen und zum Kochen bringen. Mit Salz, Pfeffer und Korianderpulver abrunden, das Gewürzsäckchen zum Sauerkraut geben und das Ganze bei mäßiger Hitze 20–30 Minuten dünsten.

★ In der Zwischenzeit den Dinkel mit der Gemüsebrühe in einen Topf geben und zum Kochen bringen. Den Dinkel bissfest garen.

★ Den Dinkel abseihen und in eine Schüssel geben. Mit Salz, Pfeffer, Muskat und Curry würzen.

★ Die Frühlingszwiebeln putzen, in feine Streifen schneiden und unter den Dinkel mischen. Den Quark und die Eigelbe dazugeben, verrühren und mit Grieß binden.

★ Die Eiweiße zu steifem Schnee schlagen und vorsichtig unter die Dinkelmasse heben. Butter oder Margarine in einer Pfanne erhitzen und Dinkelplätzchen ausbacken.

★ Das Sauerkraut nochmals abschmecken, mit der Sahne verfeinern und einreduzieren lassen.

★ Das Rahmsauerkraut mit den Dinkelplätzchen dekorativ anrichten und je nach Geschmack Bratwürstchen oder ausgebackene Bauchscheiben dazu reichen.

Frühlingsrollen mit Sauerkraut

Für 4 Personen:
2 Hähnchenbrustfilets
Salz, Pfeffer aus der Mühle
2–3 EL Olivenöl
1 Zwiebel
4 Knoblauchzehen
1 Karotte
1/2 Stange Lauch
200 g Sauerkraut
200 g Sojabohnenkeimlinge
2 Ingwernüsse in Sirup
2–3 EL Sojasauce
2–3 EL Chilisauce
2 EL Honig
Reispapierblätter
Sojaöl zum Ausbacken

★ Die Hähnchenbrustfilets waschen, trockentupfen, in Streifen schneiden, salzen und pfeffern.

★ Das Olivenöl erhitzen und die Hähnchenbrustfilets darin braten.

★ Die Zwiebel schälen, hacken, mit den geschälten, fein gehackten Knoblauchzehen zu den Fleischstreifen geben und mitbraten.

★ Die Karotte schälen, in Streifen schneiden, den Lauch putzen, waschen und in Ringe schneiden. Zum Fleisch geben und kurz mitschwitzen.

★ Das bissfest gegarte Sauerkraut zerpflücken, ebenfalls unter das Fleisch heben und mitschwitzen.

★ Die Sojabohnenkeimlinge verlesen, zu der Sauerkrautmischung geben und zugedeckt bei mäßiger Hitze 8–10 Minuten dünsten.

★ Die Ingwernüsse hacken, mit der Sojasauce, der Chilisauce und dem Honig unterziehen, salzen und pfeffern.

★ Die Reispapierblätter auf einer Arbeitsfläche auslegen, die Füllung gleichmäßig darauf verteilen und zu Rouladen zusammenrollen. Sojaöl erhitzen und die Frühlingsrollen darin braten.

★ Die Frühlingsrollen mit Sauerkrautfüllung anrichten, mit Sojasauce, Sauerrahm, Joghurt oder Ajwar servieren.

Ossobuco mit Sauerkraut

Für 4 Personen:
4 Rinder- oder Kalbshaxenscheiben (Ossobuco)
Salz, Pfeffer aus der Mühle
1 EL Majoran
2–3 EL Olivenöl
4 Knoblauchzehen
1 Zwiebel
2 Karotten
500 g Sauerkraut
4 EL Tomatenmark
1/2 l Rotwein
1/4 l Gemüsebrühe
1 EL Paprikapulver edelsüß
2 Lorbeerblätter
einige Wacholderbeeren
1 Zweig Rosmarin

★ Die Rinder- oder Kalbshaxenscheiben unter fließendem Wasser waschen, trockentupfen, mit Salz, Pfeffer und Majoran kräftig würzen.

★ Das Olivenöl in einem Bräter erhitzen und die Haxenscheiben darin rundherum Farbe nehmen lassen.

★ Die Knoblauchzehen und die Zwiebel schälen, fein hacken, zum Fleisch geben und kurz mitbraten.

★ Die Karotten schälen, in sehr feine Würfel schneiden, ebenfalls zum Fleisch geben und kurz mitbraten.

★ Das Sauerkraut zerpflücken, im Bräter verteilen, das Tomatenmark unterrühren, das Ganze mit Rotwein und Gemüsebrühe auffüllen und zum Kochen bringen.

★ Mit Salz, Pfeffer und Paprikapulver würzen, die Lorbeerblätter, die Wacholderbeeren und den Rosmarinzweig dazugeben und das Ganze zugedeckt in dem auf 180–200 °C vorgeheizten Backofen 80–90 Minuten schmoren lassen.

★ Das Ossobuco mit Sauerkraut dekorativ anrichten, mit Kräuterzweigen ausgarnieren und mit Salzkartoffeln servieren.

Wildhasenfilets in Sauerkrautaspik

Für 4 Personen:
1/2 l Sauerkrautsaft
2 Karotten
200 g grüne Erbsen (TK-Produkt)
Salz, Pfeffer aus der Mühle
1 Prise Muskat
1 Hand voll Kräuter
einige Tropfen Obstessig
1 Prise Zucker
6 Blatt weiße Gelatine
8–12 Blatt Weißkohl
2 Hasenrückenfilets
1 EL Majoran
Butter oder Margarine zum Braten

★ Den Sauerkrautsaft in einen Topf geben und zum Kochen bringen.

★ Die Karotten schälen, in feine Streifen oder Würfel schneiden, mit den grünen Erbsen in den Sauerkrautsaft geben und bissfest garen.

★ Das Ganze mit Salz, Pfeffer und Muskat kräftig würzen und die verlesenen, gewaschenen und fein geschnittenen Kräuter untermischen.

★ Mit Obstessig und Zucker süßsäuerlich abschmecken.

★ Die Gelatine wässern, gut ausdrücken und in dem Sud vollständig auflösen.

★ Die verlesenen, gewaschenen, gut abgetropften Weißkohlblätter in Gemüsebrühe bissfest garen, herausnehmen und eine dekorative Form damit auslegen.

★ Die Hasenrückenfilets waschen, trockentupfen, mit Salz, Pfeffer und Majoran würzen und in Butter oder Margarine braten.

★ Die Hasenrückenfilets erkalten lassen. Mit dem Gemüse auf den Weißkohlblättern anrichten.

★ Den Sud angießen, die Weißkohlblätter gleichmäßig darüber schlagen und das Ganze im Kühlschrank fest werden lassen. Das Sauerkrautaspik dekorativ anrichten, mit einem Sauerrahm-Dip überziehen und servieren.

Tellersülze mit Sauerkraut

Für 4 Personen:
1 kg Putenbrust
1 l Gemüse- oder Fleischbrühe
1 Tasse Obstessig
1 Bund Suppengemüse
2 Zwiebeln
2 Lorbeerblätter
einige Nelken
einige Pfefferkörner
einige Senfkörner
400 g bissfest gegartes Sauerkraut
12–16 kleine Essiggurken
1/2 l entfettete Fleischbrühe
10–12 Blatt weiße Gelatine
Salz
weißer Pfeffer aus der Mühle
1 Prise Zucker
1 Bund Petersilie oder andere Kräuter

★ Die Putenbrust waschen, die Brühe und den Essig in einem Topf erhitzen, das geputzte Suppengemüse und die klein geschnittenen Zwiebeln dazugeben und zum Kochen bringen.

★ Das Fleisch in den Sud geben, die Lorbeerblätter, die Nelken, die Pfefferkörner, die Senfkörner und das Fleisch in 60–70 Minuten garen, herausnehmen, erkalten lassen und in Scheiben schneiden.

★ Das Sauerkraut und die Bratenscheiben in tiefe Teller legen, die Essiggurken halbieren, in Fächer schneiden und auf den Braten legen.

★ Die entfettete Brühe erhitzen, die Blattgelatine in kaltem Wasser einweichen, in die Brühe geben und vollständig auflösen lassen. Das Ganze mit Salz, Pfeffer und Zucker abschmecken.

★ Die Brühe in die Teller gießen, sodass die gesamten Zutaten bedeckt sind.

★ Anschließend die verlesenen Kräuter einlegen und das Ganze im Kühlschrank vollständig erkalten lassen.

★ Die Tellersülze anrichten und mit Bratkartoffeln oder Bauernbrot servieren.

Forellenfilets in Sauerkrautaspik

Für 4 Personen:

1/2 l Sauerkrautsaft
4 Tomaten
1 Hand voll frische Kräuter (Dill, Petersilie, Kerbel, Schnittlauch)
Salz, Pfeffer aus der Mühle
1 Prise Muskat
einige Tropfen Obstessig
1 Prise Zucker
6 Blatt weiße Gelatine
4 geräucherte Forellenfilets
4 Frühlingszwiebeln
einige Tropfen Aceto balsamico
einige Tropfen Olivenöl
einige Tropfen Zitronensaft
Kräuterzweige zum Garnieren

★ Den Sauerkrautsaft in einen Topf geben und zum Kochen bringen.

★ Die enthäuteten, entkernten und in Streifen geschnittenen Tomaten mit den verlesenen und klein geschnittenen Kräutern in den Sud geben und aufkochen lassen.

★ Das Ganze mit Salz, Pfeffer, Muskat, Obstessig und Zucker kräftig abschmecken und die gewässerte, gut ausgedrückte Gelatine darin auflösen.

★ Die enthäuteten Forellenfilets in mundgerechte Stücke schneiden, etwas Gemüse in eine dekorative Form geben und die geräucherten Forellenfilets darauf setzen.

★ Das restliche Gemüse darüber verteilen und mit dem Sud angießen. Im Kühlschrank vollständig fest werden lassen.

★ Zum Servieren die verlesenen, gewaschenen und in mundgerechte Stücke geschnittenen Frühlingszwiebeln auf Tellern dekorativ anrichten.

★ Mit Aceto balsamico und Olivenöl sowie Zitronensaft beträufeln, salzen, pfeffern und das Sauerkraut-Aspik darauf anrichten.

★ Das Ganze mit Kräuterzweigen ausgarnieren und mit Sahnemeerrettich servieren.

Gemüsesülze mit Sauerkraut

Für 4 Personen:

1–2 EL Butter oder Margarine
1 Bund Frühlingszwiebeln
400 g Sauerkraut
400 g Mischgemüse
1 Schuss Weißwein
1/2 l Gemüse- oder Fleischbrühe
1/2 Tasse Obstessig
10–12 Blatt weiße Gelatine
Salz
Pfeffer aus der Mühle
1 Prise Cayennepfeffer
1 Prise Muskat
1 Prise Zucker
1 Hand voll Kräuter
8–12 Scheiben Schinken

★ Die Butter oder Margarine in einer Pfanne erhitzen und die geputzten und klein geschnittenen Frühlingszwiebeln darin glasig schwitzen.

★ Das Sauerkraut waschen, klein schneiden, zu den Frühlingszwiebeln geben und kurz mitschwitzen.

★ Das Mischgemüse putzen, in kleine Würfel schneiden, zu den Zwiebeln geben und ebenfalls kurz mitgaren.

★ Mit Weißwein ablöschen und mit der Gemüse- oder Fleischbrühe auffüllen. Bei mäßiger Hitze 5 Minuten köcheln lassen.

★ Den Essig einrühren und einmal aufkochen lassen. Die gewässerte Blattgelatine in den Sud geben und auflösen lassen.

★ Das Ganze mit Salz, Pfeffer, Cayennepfeffer, Muskat und Zucker kräftig abschmecken, vom Feuer nehmen und die verlesenen, gewaschenen und fein gehackten Kräuter unterziehen.

★ Die Schinkenscheiben in tiefen Tellern anrichten, mit dem Sud und der Einlage überziehen, im Kühlschrank vollständig erkalten lassen, anschließend ausgarnieren und mit Speckkartoffeln servieren.

Paprikaschoten mit Krautfüllung

Für 4 Personen:

4 gelbe oder grüne Paprikaschoten
Butter oder Margarine zum Ausfetten
1–2 EL Olivenöl
2 Hähnchenbrustfilets
1 Zwiebel
200 g Sauerkraut
2 Frühlingszwiebeln
100 g Mais (Dose)
100 g gekochter Schinken
Salz, Pfeffer aus der Mühle
2 EL Curry
1 Prise Cayennepfeffer
3/4 l gebundene Tomatensauce
200 g geriebener Gouda
1 Kästchen Kresse

★ Die Paprikaschoten halbieren, entkernen, waschen, gut abtropfen lassen und in eine ausgefettete Auflaufform setzen.

★ Das Olivenöl erhitzen und die in feine Würfel geschnittenen Hähnchenbrustfilets darin unter ständigem Rühren braten.

★ Die Zwiebel schälen, fein hacken, mit dem zerpflückten Sauerkraut zum Fleisch geben und weitere 3–4 Minuten braten.

★ Die klein geschnittenen Frühlingszwiebeln mit dem gut abgetropften Mais und dem in Würfel geschnittenen Schinken ebenfalls dazugeben und kurz mitbraten.

★ Mit Salz, Pfeffer, Curry und Cayennepfeffer kräftig würzen und die Masse gleichmäßig in die Paprikaschoten füllen.

★ Die gebundene Tomatensauce angießen und das Ganze im auf 180–200 °C vorgeheizten Backofen 20 Minuten garen.

★ Anschließend das Ganze mit dem geriebenen Gouda bestreuen und unter dem Grill goldgelb überbacken.

★ Die Paprikaschoten herausnehmen, dekorativ anrichten, die Tomatensauce dazugeben, mit verlesener Kresse bestreuen, ausgarnieren und sofort servieren.

Hagenrieder Sauerkrautgratin

Für 4 Personen:
1 Zwiebel
2–3 EL Olivenöl
2 Knoblauchzehen
2 Karotten
200 g frische Champignons
Saft von 1 Zitrone
2 Zucchini
1/8 l Weißwein
1/8 l Sahne
400 g gekochte Kartoffeln
400 g Sauerkraut
Salz, Pfeffer aus der Mühle
1 Prise Muskat
1 Prise Kümmelpulver
200 g geriebener Gouda

★ Die Zwiebel schälen, fein hacken, das Olivenöl in einer Pfanne erhitzen und die Zwiebel darin glasig schwitzen.

★ Die Knoblauchzehen schälen, fein hacken und ebenfalls dazugeben.

★ Die Karotten schälen, in feine Streifen oder Würfel schneiden, zur Zwiebel geben und kurz mitschwitzen.

★ Die Champignons putzen, in Scheiben schneiden, mit Zitronensaft beträufeln, mit den gewaschenen und in Scheiben geschnittenen Zucchini zum Gemüse geben und kurz mitschwitzen.

★ Mit Weißwein ablöschen und zugedeckt 4–5 Minuten dünsten.

★ Die Sahne einrühren, die Kartoffeln schälen, in Scheiben schneiden, mit dem Sauerkraut und dem Gemüse in eine ausgefettete Auflaufform geben.

★ Das Ganze mit Salz, Pfeffer, Muskat und Kümmel kräftig würzen und mit dem geriebenen Gouda bestreuen.

★ Das Ganze im auf 180–200 °C vorgeheizten Backofen 20–30 Minuten garen.

★ Herausnehmen, dekorativ anrichten, ausgarnieren und servieren.

Blätterteigstrudel mit Sauerkrautfüllung

Für 4 Personen:
1–2 EL Olivenöl
200 g gemischtes Hackfleisch
1 Zwiebel
2 Knoblauchzehen
400 g Sauerkraut
1/8 l Weißwein
Salz, Pfeffer aus der Mühle
1 EL Oregano
1 Prise Kümmelpulver
1 Prise Korianderpulver
6–8 Weißkohlblätter
Gemüsebrühe oder Salzwasser zum Blanchieren
1 Paket Blätterteig (TK-Produkt)
2 Eigelb
1 TL Paprikapulver edelsüß

★ Das Olivenöl in einem Topf erhitzen und das Hackfleisch darin unter ständigem Rühren braten.

★ Die Zwiebel und die Knoblauchzehen schälen, fein hacken, zum Fleisch geben und kurz mitbraten.

★ Das Sauerkraut zerpflücken, zum Fleisch geben, kurz mitschwitzen, mit Weißwein ablöschen, mit Salz, Pfeffer, Oregano, Kümmel und Koriander würzen und bei mäßiger Hitze 10–15 Minuten köcheln lassen.

★ Die Hackfleisch-Sauerkraut-Mischung vom Feuer nehmen und vollständig erkalten lassen.

★ Anschließend die Weißkohlblätter in Gemüsebrühe oder Salzwasser blanchieren, herausnehmen, gut abtropfen lassen und bereitstellen.

★ Die Blätterteigscheiben dünn ausrollen, mit je einem Weißkohlblatt belegen und darauf gleichmäßig die Hackfleisch-Sauerkraut-Mischung verteilen.

★ Das Ganze zu kleinen Blätterteigstrudeln zusammenrollen und die Strudel auf ein mit Wasser benetztes Backblech setzen.

★ Die Eigelbe mit dem Paprikapulver verschlagen, die Blätterteigstücke damit bestreichen und im auf 180–200 °C vorgeheizten Backofen 30–40 Minuten backen.

★ Nach Ende der Backzeit die Blätterteigstrudel herausnehmen, dekorativ anrichten und mit einer Tomaten- oder Kräutersauce servieren.

Auberginen-Sauerkraut-Bratlinge

FÜR 4 PERSONEN:
1 große Aubergine
400 g Sauerkraut
500 g Magerquark
4 Eier
Salz, Pfeffer aus der Mühle
1–2 EL Curry
1 EL Paprikapulver
1 Prise Cayennepfeffer
1 Tasse gemischte, gehackte Kräuter (Petersilie, Majoran)
Haferflocken zum Binden
Butter oder Margarine zum Braten
Frühlingszwiebeln

★ Die Aubergine schälen und grob raspeln. Mit dem zerpflückten Sauerkraut in eine Schüssel geben.

★ Den Magerquark mit den Eiern verschlagen, mit Salz, Pfeffer, Curry, Paprikapulver und Cayennepfeffer kräftig würzen und die verlesenen, gewaschenen und fein gehackten Kräuter unterziehen.

★ Die Quarkmasse mit der Gemüsemasse vermischen und mit Haferflocken binden.

★ Butter oder Margarine in einer Pfanne erhitzen und portionsweise Auberginen-Sauerkraut-Bratlinge ausbacken.

★ Die Bratlinge auf Frühlingszwiebeln dekorativ anrichten, ausgarnieren und mit einem Joghurt-Kräuter-Dip servieren.

Deftige Bauernpizza

Für 4 Personen:
4 Portionen fertiger Pizzateig
1 kleine Dose geschälte Tomaten
1–2 EL Olivenöl
100 g durchwachsener, geräucherter Speck
2 Knoblauchzehen
1 Zwiebel
200 g Sauerkraut
2–3 EL Ajwar
1 Tasse gebundene Tomatensauce
1 rote und 1 grüne Paprikaschote
1 Glas schwarze Oliven
100 g Salami
Kräuterzweige zum Garnieren

★ Den Pizzateig nach Anweisung zubereiten, 4 Portionen schneiden und den Teig dünn ausrollen.

★ Den Pizzateig in ausgefettete Pizzaformen setzen, die geschälten Tomaten pürieren, den Teig damit bestreichen und gehen lassen.

★ Das Olivenöl in einem Topf erhitzen und den in feine Würfel oder Streifen geschnittenen Speck darin auslassen.

★ Die Knoblauchzehen und die Zwiebel schälen, fein hacken, zum Speck geben und kurz mitbraten. Das Kraut zerpflücken zum Speck geben und mitschwitzen.

★ Das Ajwar und die Tomatensauce mit den restlichen pürierten Tomaten zugeben und bei mäßiger Hitze 6–8 Minuten köcheln lassen. Vom Feuer nehmen und erkalten lassen. Die Sauerkrautmasse gleichmäßig auf den Pizzen verteilen.

★ Die Paprikaschoten putzen, in mundgerechte Stücke schneiden, mit den schwarzen Oliven und den Salamischeiben dekorativ auf den Pizzen anrichten.

★ Die Pizzen im auf 180–200 °C vorgeheizten Backofen 15–20 Minuten backen, herausnehmen, anrichten, mit Kräuterzweigen ausgarnieren und servieren.

Reiberdatschi auf fruchtigem Kraut

Für 4 Personen:
750 g Kartoffeln
1 Zwiebel
1/2 Tasse Sahne
1/2 Tasse Weizenvollkorngrieß
2 Eier
Salz, Pfeffer aus der Mühle
1 Prise Muskat
1 Tasse gemischte, gehackte Kräuter
Butterschmalz zum Ausbacken
1–2 EL Olivenöl
1 Zwiebel
400 g Sauerkraut
1 Glas Weißwein
1/8 l Gemüsebrühe
2 säuerliche Äpfel
250 g weiße und blaue Weintrauben
1/2 Becher Sahne
1 Chilischote
Kräuterzweige zum Garnieren

★ Die Kartoffeln waschen, schälen und in eine Schüssel reiben. Die Zwiebel schälen, sehr fein hacken und zu den Kartoffeln geben.

★ Die Sahne, den Vollkorngrieß und die Eier zu den Kartoffeln geben und alles zu einer kompakten Masse verarbeiten.

★ Die Masse mit Salz, Pfeffer und Muskat abschmecken, die Kräuter unterheben, das Schmalz erhitzen und portionsweise Reiberdatschi ausbacken. Für das Kraut etwas Olivenöl in einem Topf erhitzen und die geschälte und fein gehackte Zwiebel darin glasig schwitzen.

★ Das Sauerkraut dazugeben, kurz mitschwitzen, mit Weißwein ablöschen und mit der Gemüsebrühe auffüllen.

★ Zugedeckt bei mäßiger Hitze 20–25 Minuten dünsten. Anschließend die gewaschenen, entkernten und in grobe Stücke geschnittenen Äpfel sowie die gewaschenen, halbierten und entkernten Trauben unter das Kraut heben und kurz mitgaren.

★ Das Kraut mit der Sahne verfeinern, die Chilischote in das Kraut geben und erneut 3–4 Minuten köcheln lassen.

★ Das fruchtige Kraut mit Salz, Pfeffer und Muskat abschmecken, dekorativ anrichten, die Reiberdatschi obenauf legen, das Ganze mit Kräuterzweigen ausgarnieren und sofort servieren.

Überbackene Sauerkrautbrote

Für 4 Personen:
4 Scheiben Bauernbrot
Butter zum Bestreichen
4–6 Tomaten
Kräutersalz
Pfeffer aus der Mühle
400 g bissfest gegartes Sauerkraut
100 g gekochter Schinken
16 gefüllte Oliven
150 g geriebener Gouda
Kräuterzweige zum Garnieren

★ Die Bauernbrotscheiben dünn mit Butter bestreichen.

★ Die Tomaten waschen, halbieren, den Strunk herausschneiden, die Tomaten in Scheiben schneiden und die Brote damit belegen. Mit Kräutersalz und Pfeffer würzen.

★ Das Sauerkraut zerpflücken und auf den Tomaten anrichten.

★ Den Schinken in Streifen schneiden und auf die Tomaten streuen, die in Scheiben geschnittenen Oliven darauf anrichten.

★ Den geriebenen Käse darüber streuen und die Schinkenbrote im auf 180–200 °C vorgeheizten Backofen so lange überbacken, bis der Käse schmilzt.

★ Die überbackenen Schinkenbrote herausnehmen, dekorativ anrichten, mit Kräuterzweigen ausgarnieren und sofort servieren.

Bunter Sauerkrautsalat

Für 4 Personen:

400 g rohes Sauerkraut
1 Bund Frühlingszwiebeln
4 Orangen
1 Tasse gemischte, gehackte Nüsse (Mandeln, Walnüsse)
1 rote Paprikaschote
1 Becher Joghurt
1/2 Becher Sahne
Saft von 1 Orange
Saft von 1 Zitrone
Salz, Pfeffer aus der Mühle
1–2 EL Honig

★ Das Sauerkraut zerpflücken, je nach Bedarf waschen, abtropfen lassen und in eine Schüssel geben.

★ Die Frühlingszwiebeln verlesen, waschen und in feine Ringe schneiden. Die Orangen schälen und in Scheiben schneiden oder filieren.

★ Die Zutaten mit den gehackten Nüssen und der verlesenen, gewaschenen und in feine Würfel geschnittenen Paprikaschote unter das Sauerkraut heben.

★ Für das Dressing das Joghurt mit der Sahne, dem Orangensaft und dem Zitronensaft glatt rühren. Mit Salz, Pfeffer und Honig verfeinern.

★ Den Salat mit dem Dressing anmachen, im Kühlschrank kurz durchziehen lassen, nochmals nachschmecken, dekorativ anrichten, mit Kräuterzweigen ausgarnieren und sofort servieren.

Sauerkrautsalat mit Speck

Für 4 Personen:

1 kg Sauerkraut
Gemüse- oder Fleischbrühe
200 g durchwachsener, geräucherter Speck
2 Zwiebeln
Salz, Pfeffer
1 Prise Zucker
einige Tropfen Obstessig
einige Tropfen Sonnenblumenöl
1 Bund gehackte Petersilie

★ Das Sauerkraut waschen, gut abtropfen lassen, mit kochender Gemüse- oder Fleischbrühe übergießen und 5–10 Minuten ziehen lassen.

★ Den Speck in feine Würfel schneiden, in einer trockenen Pfanne auslassen, die Zwiebeln dazugeben und kurz mitbraten.

★ Das Sauerkraut gut abtropfen lassen, die Speck-Zwiebel-Mischung einrühren und das Ganze mit Salz, Pfeffer, Zucker, Obstessig und Sonnenblumenöl abschmecken.

★ Den Sauerkrautsalat gut durchziehen lassen, anrichten, mit der Petersilie bestreuen und servieren.

Ananas-Sauerkraut-Rohkost

Für 4 Personen:

300 g mildes, feines Sauerkraut
1 Zwiebel
4 Scheiben Ananas
2 Becher Joghurt
1 Bund Petersilie
Salz
weißer Pfeffer aus der Mühle
1 Prise Zucker
1 Prise Cayennepfeffer

★ Das Sauerkraut je nach Säure unter fließendem Wasser waschen, gut abtropfen lassen, grob hacken und in eine Schüssel geben. Die Zwiebel schälen, in feine Würfel schneiden und zum Kraut geben.

★ Die Ananas in Würfel schneiden und unter das Sauerkraut mischen.

★ Für das Dressing den Joghurt glatt rühren, die verlesene, gewaschene und fein gehackte Petersilie untermischen.

★ Das Dressing mit Salz, Pfeffer, Zucker und Cayennepfeffer kräftig abschmecken und den Salat damit anmachen, anrichten, ausgarnieren und sofort servieren.

Sauerkrautsalat mit Rote Bete

Für 4 Personen:
1 Glas Rote Bete
1 Bund Frühlingszwiebeln
2 Orangen
400 g Sauerkraut
1/2 Tasse Orangensaft
Saft von 2 Limetten
3–4 EL Obstessig
1–2 EL Honig
3–4 EL Traubenkernöl
Salz, Pfeffer aus der Mühle
1 Prise Cayennepfeffer
1 Tasse gemischte, gehackte Kräuter

★ Die Rote Bete gut abtropfen lassen und in mundgerechte Würfel schneiden. In eine Schüssel geben.

★ Die Frühlingszwiebeln putzen, waschen, in Streifen schneiden. Die Orangen schälen und filieren.

★ Das Sauerkraut zerpflücken, je nach Säure unter fließendem Wasser waschen, gut abtropfen lassen, mit den restlichen Zutaten in eine Schüssel geben und alles vorsichtig miteinander vermischen.

★ Den Orangensaft mit dem Limettensaft, dem Obstessig und dem Honig sowie dem Traubenkernöl vermischen und im Mixer kurz pürieren.

★ Die Sauce mit Salz, Pfeffer und Cayennepfeffer abschmecken und gleichmäßig auf dem Salat verteilen.

★ Den Salat vorsichtig vermischen, im Kühlschrank durchziehen lassen. Anschließend nochmals kräftig abschmecken, dekorativ anrichten, ausgarnieren und sofort servieren.

Birnen-Sauerkraut-Salat

Für 4 Personen:
4–6 säuerliche Birnen
200 g Walnusskerne
4 getrocknete Pflaumen
1 Tasse eingeweichte Rosinen
400 g Sauerkraut
1 Tasse Birnensaft
2 EL Honig
1 Becher Sauerrahm
Salz, Pfeffer aus der Mühle
1 Prise Cayennepfeffer
1 Prise Zucker
1 Kästchen Kresse
1 Msp. Chilipulver
1/2 Tasse Aceto balsamico
1/2 Tasse Olivenöl
Zitronenmelisse zum Garnieren

★ Die Birnen schälen, entkernen, in Würfel schneiden. Mit den gehackten Walnusskernen, den in Stücke geschnittenen Pflaumen und den gut abgetropften Rosinen in eine Schüssel geben und alles vorsichtig miteinander vermischen.

★ Das Sauerkraut zerpflücken, waschen, gut abtropfen lassen und unter den Salat heben.

★ Den Birnensaft mit dem Honig und dem Sauerrahm verschlagen, mit Salz, Pfeffer, Cayennepfeffer und Zucker kräftig abschmecken, den Salat anrichten und mit dem Sauerrahm-Dip überziehen.

★ Die Kresse verlesen, waschen, fein hacken, mit dem Chilipulver und dem Aceto balsamico verrühren und das Olivenöl unterziehen.

★ Den Birnen-Sauerkraut-Salat mit dem Kressedressing beträufeln. Mit Zitronenmelisseblättchen ausgarnieren und servieren.

Sauerkrautsalat mit Ajwar

FÜR 4 PERSONEN:
400 g Sauerkraut
1 gelbe Paprikaschote
1 rote Paprikaschote
1 grüne Paprikaschote
1 Gemüsezwiebel
1 Dose Mais
1 Tasse Fleischbrühe
2–3 EL Tomatenmark
1/2 Tasse Kräuteressig
1/2 Tasse Olivenöl
2–3 EL Ajwar
1 Bund Petersilie
1 Bund Schnittlauch
Salz, Pfeffer aus der Mühle
1 Prise Cayennepfeffer

★ Das Sauerkraut zerpflücken, waschen, gut abtropfen lassen und in eine Schüssel geben.

★ Die Paprikaschoten halbieren, entkernen, waschen, gut abtropfen lassen und in Würfel schneiden. Die Gemüsezwiebel schälen und ebenfalls würfeln.

★ Den Mais waschen, gut abtropfen lassen, mit den restlichen Zutaten zum Sauerkraut geben und alles vorsichtig miteinander vermischen.

★ Die Fleischbrühe mit dem Tomatenmark, dem Kräuteressig und dem Olivenöl vermischen.

★ Das Ajwar und die verlesenen, gewaschenen und fein gehackten Kräuter unterziehen. Mit Salz, Pfeffer und Cayennepfeffer kräftig abschmecken.

★ Den Salat mit dem Dressing anmachen, vorsichtig vermischen und im Kühlschrank 10–15 Minuten ziehen lassen.

★ Den Salat nochmals kräftig abschmecken, dekorativ anrichten und mit frisch geschnittenem Schnittlauch oder frisch geschnittenen Frühlingszwiebeln bestreut servieren.

Zungensalat mit Sauerkraut

FÜR 4 PERSONEN:
400 g bissfest gegartes Sauerkraut
4 säuerliche Äpfel
Saft von 1 Zitrone
250 g gekochte Rinderzunge
2 rote Zwiebeln
1 Tasse Sauerkrautsaft
1 Zwiebel
1/2 Tasse Zitronenessig
1/2 Tasse Traubenkernöl
Salz
Pfeffer aus der Mühle
1 Bund Zitronenmelisse

★ Das Sauerkraut in Stücke zerpflücken. Die Äpfel waschen, entkernen, in Scheiben schneiden und mit Zitronensaft beträufeln.

★ Die Rinderzunge in feine Streifen schneiden. Die Zwiebeln in Scheiben schneiden. Die Salatzutaten in einer Schüssel vermischen.

★ Für das Dressing den Sauerkrautsaft, die geschälte, fein gehackte Zwiebel und den Zitronenessig erhitzen und kurz köcheln lassen.

★ Den Apfelsaft vom Feuer nehmen, mit dem Traubenkernöl im Mixer oder mit dem Pürierstab pürieren.

★ Mit Salz und Pfeffer abschmecken und die verlesene, gewaschene und fein geschnittene Zitronenmelisse untermischen.

★ Das Dressing gleichmäßig über dem Salat verteilen, vorsichtig vermischen und dekorativ anrichten, ausgarnieren und servieren.

Register

Register

Die Schreibweise entspricht den Regeln der neuen deutschen Rechtschreibung.

ISBN 3 89755 497 6